货币政策变动对高科技上市公司投资决策的影响

于玉环◎著

中国商务出版社

北京

图书在版编目（CIP）数据

货币政策变动对高科技上市公司投资决策的影响 /
于玉环著 . -- 北京：中国商务出版社，2024.7.
ISBN 978-7-5103-5201-0

Ⅰ. F279.244.4

中国国家版本馆 CIP 数据核字第 20240US862 号

货币政策变动对高科技上市公司投资决策的影响
于玉环　著

出版发行：中国商务出版社有限公司

地　　　址：北京市东城区安定门外大街东后巷 28 号　　邮　编：100710
网　　　址：http://www.cctpress.com
联系电话：010—64515150（发行部）　010—64212247（总编室）
　　　　　　010—64515164（事业部）　010—64248236（印制部）
责任编辑：曹　蕾
排　　版：北京盛世达儒文化传媒有限公司
印　　刷：星空印易（北京）文化有限公司
开　　本：710 毫米 ×1000 毫米　　1/16
印　　张：12.5　　　　　　　　　字　　数：240 千字
版　　次：2024 年 7 月第 1 版　　　印　　次：2024 年 7 月第 1 次印刷
书　　号：ISBN 978-7-5103-5201-0
定　　价：79.00 元

前　言

　　高科技上市公司是现代经济的重要组成部分，其投资决策对整个社会经济发展具有深远影响。同时，货币政策作为国家宏观调控的重要手段，也在很大程度上影响着这些公司的投资行为。就我国而言，如何在变化莫测的货币政策环境下制定合理的投资决策，对高科技上市公司来说是一项巨大的挑战。为了深入了解这一问题，本书在理论分析的基础上，以"货币政策变动对高科技上市公司投资决策的影响"为主题，进行了深入的研究。

　　本书研究的主要内容包括：首先，从理论角度出发，建立了货币政策变动与高科技上市公司投资决策的关联机制；其次，通过深入的实证分析，揭示出货币政策改变对高科技上市公司投资决策的具体影响；再次，引入了案例研究、国际比较、行业差异分析和区域差异分析等多维度的分析视角，以期提供更全面、更深入的理解；最后，对研究结果进行了总结，并提出了未来的研究方向。

　　本书的特色主要体现在以下几个方面。

　　首先，本书深入研究了货币政策变动与高科技上市公司投资决策的关系，这是国内乃至国际上尚属空白的研究领域。

　　其次，本书不仅关注货币政策变动对投资决策的直接影响，更重视货币政策变动对投资决策的间接影响以及中介效应，这是以往研究中少有的视角。

　　再次，本书采用的是跨学科的研究视角，将经济学、财务管理、投资学和政策科学等多个学科的理论与方法结合在一起，采用了理论分析与实证分析相结合、定性研究与定量研究相结合的研究方法，以求提供最全面、最准确的研究结果。

最后，本书将研究的视角从单一的公司水平扩大到了行业水平和区域水平，使得研究结果具有更广泛的参考价值。

在撰写这本书的过程中，笔者深感自己知识储备的不足，尽管已经尽力将各种材料和资源整合在一起，但仍然无法覆盖所有的内容。在这一过程中，笔者得到了许多同事、朋友、专家的帮助和支持，他们的热心和专业为笔者创作提供了巨大的帮助，对此深表感谢。同时，笔者也意识到诸如此类的主题需要学术界进行长期、持续的研究，希望这本书能为这一研究领域的进一步发展提供一些参考和启示。

由于笔者学识水平和时间所限，书中难免有不妥之处，敬请同行及读者指正，以便进一步完善提高。

于成环

2024 年 5 月

目 录

第一章

绪 论

第一节 研究背景与意义

一、货币政策对经济发展的影响

货币政策与经济发展有着密切的关联。货币政策作为一种宏观调控手段，不仅影响社会经济发展，也直接或间接决定着市场经济的运行和发展方向。

货币政策主要分为货币紧缩政策和货币扩张政策两种。货币紧缩政策通过收紧货币供应、提高货币利率、降低通货膨胀等方式，以维护货币和金融稳定，调控经济热点和潜在的风险。而货币扩张政策则通过增加货币供应、降低利率等方式，刺激经济活动，催生经济增长。

首要的观点就是，货币政策具有刺激经济发展的积极作用。通过调控金融市场的收益率与货币的供求关系，可以调整从中长期投资到日常消费的所有经济活动。货币政策的调控力度及时机的把握均能影响企业的经济行为，进而引起经济运行总体效果的变化。

当然，货币政策并非万能，有时也会适得其反。过度依赖货币政策往往会引发经济过热和通货膨胀。尤其在全球化经济环境中，货币政策对经济波动的短期效应已经符合预期，但长期效应常常出现不确定性。同时，货币政策调控权的集中度决定了其潜在的政策风险。

货币政策的作用其实就反映在对社会总需求的影响上。就其核心机制来看，货币政策改变了货币供应量，进而影响到利率，然后通过影响投资和消费决策、影响资产价格等途径，最终作用于社会总需求，并通过需求变动对整个宏观经济运行产生影响。此外，货币政策还可以通过对金融紧张状况的相应调整，影响到金融市场的稳定性和经济市场的预期情绪。

这说明货币政策制定者需要在货币供应和需求之间找到一个恰当的平衡，以确保经济顺利运行并保持稳定增长。在这个过程中，每一个政策决策都需要考虑到多元化的影响因素，例如货币供应、利率、经济增长、通货膨胀、就业水平及市场信心等。

总体来说，货币政策对经济发展的影响具有复杂性和多维度性。其影响因子很多，形式也有不同，既可通过金融市场直接影响经济，也可间接通过影响预期信心、风险偏好等行为人的行为，引导经济走向稳健和发展。

因此，研究货币政策的实质，推动其制度化、规范化和科学化，将更有利于提高货币政策实施的效果，让其更好地服务于社会经济的持续、稳定和健康发展，进一步促进经济全面发展，实现社会的和谐稳定。

二、高科技上市公司在国家经济中的地位与作用

在当前全球经济环境中，高科技上市公司的地位与作用日益显著。其在推动经济增长、创造就业、增加税收、提高人民生活质量和推动国家科技创新及产业升级等方面发挥着重要的驱动作用。

高科技上市公司是国家经济发展的关键动力，它们以创新为引擎，运用最尖端的科技去驱动产品和服务的更新换代，推动社会生产力的发展。它们对经济增长的贡献在很大程度上是积极的。其生产的高科技产品和服务，是国内外市场所需，能够提升我国在全球市场中的竞争力，也推动了内需市场的消费升级。

高科技上市公司的存在和发展也创造了大量的就业机会。技术创新需要大量的科研人才，而产品的研发、生产、销售和服务等环节也需要大量的劳动力。因此，高科技上市公司的发展对于解决社会就业，尤其是提供高技能和高收入职

位有着重要的贡献。

税收方面，高科技上市公司因其高额的利润和规模效应，对国家税收贡献极大。这部分收入可以用于国家社会建设，提高社会公共服务水平，创造更好的生活环境。

在提高人民生活质量方面，高科技上市公司的贡献也是不可忽视的。其研发的新产品和新服务，改变了人们的消费模式，提升了生活便利性，同时也满足了人们对于高品质生活的追求。

国家科技创新和产业升级是国家长远发展的重要支撑。高科技上市公司为此作出了显著的贡献。它们是技术创新的主要力量，在引领新的科技趋势，促进产业链的技术升级方面发挥着关键作用。这使得整个社会可以更好地适应全球科技革命和产业变革的新趋势。

高科技上市公司的地位与作用，主要体现在五个方面，即推动经济增长、创造就业、增加税收、提高人民生活质量、推动国家科技创新及产业升级。因此，可以认为，高科技上市公司的健康发展，对于国家的经济社会进步具有重大的意义。对于政策制定者和经济决策者来说，更应关注并支持高科技上市公司的发展，引导和激励其发挥更大的作用，以推动我国经济质量持续提升，实现更好的社会效果。

三、货币政策变动与高科技上市公司的关系

在探讨货币政策变动与高科技上市公司的关系时，首先需要理解货币政策的含义以及其在宏观经济管理中的作用。货币政策是由中央银行或者有关当局通过控制货币供应和需求实现其经济目标的一种策略，它可以通过改变利率、货币发行量和存款准备金率等方式来影响市场的货币供应量，进而影响经济的宏观稳定和发展。

货币政策的变动无疑会对高科技上市公司造成深远影响。主要从以下几个方面展开解读。

第一，货币政策的变动对高科技上市公司的投资决策产生影响。比如，如果宽松的货币政策使得市场的资本成本降低，那么高科技公司就有可能会加大研

发投入，推动技术创新；反之，如果紧缩的货币政策使得资本成本提高，那么高科技上市公司可能会减少研发投资，降低风险。

第二，货币政策的变动对高科技上市公司的融资环境产生影响。如，宽松的货币政策可能会放宽贷款限制并降低贷款利率，进而为高科技上市公司提供良好的融资环境；然而，严格的货币政策可能会使得融资难度加大，利率上升，这对于那些依赖债务融资的高科技公司来说无疑是一种挑战。

第三，货币政策的变动对高科技上市公司的经营环境产生影响。一方面，紧缩的货币政策可能会抑制经济的需求，降低物价，并可能导致经济衰退，影响到高科技公司的销售、生产和利润；另一方面，宽松的货币政策可能会刺激经济需求，提高物价，但是如果过度刺激，可能导致通货膨胀，影响到公司的经营和发展。

总结来看，货币政策变动与高科技上市公司之间存在显著的影响关系。这样的关系不仅体现在投资决策上，也体现在融资环境和经营环境中。因此，对于高科技上市公司来说，就需要密切关注和研究货币政策的变动，把握政策的变化趋势，以便更好地作出相应的战略决策，推动公司的健康发展。同时，对于政策制定者来说，也需要了解货币政策对高科技上市公司的影响，从而更为精准地制定货币政策，促进整个经济社会的稳定和发展。

四、高科技上市公司的投资决策对经济增长的推动作用

在 21 世纪的现代经济体系中，技术成为推动经济发展的重要力量。高科技上市公司由于其技术先进、创新能力强、市场前景广阔等特性，成为推动经济增长的主要动力。

世界经济的发展有力地证明了投资决策在推动经济增长中的重要作用。具体来说，高科技上市公司的投资决策不仅可以直接为社会提供大量的就业机会，也可以通过拉动相关行业的发展来促进国家的经济增长。相较于传统的实体经济，高科技上市公司的投资决策更强调技术创新和市场开发，这也是其在推动社会经济增长中所特有的优势。

要论证高科技上市公司投资决策对经济增长的推动作用，首要的就是理解何为高科技上市公司。高科技上市公司一词，通常指的是公开上市交易，并以高

新技术为主要业务活动的企业。这类企业倾向于在新技术、新产业、新业态领域进行投资，以寻求创新和突破。正是因为这种强烈的创新意识和开拓精神，使得高科技上市公司在投资决策上，具有独特的视角和战略。

高科技上市公司的投资决策对经济增长的推动作用主要体现在以下几个方面。首先，高科技上市公司的投资可以带动相关产业链的发展。例如，一项新的技术投资可能会创造出全新的供应链、生产线和服务模式，进而生成大量的就业机会，拉动相关产业的发展。其次，高科技上市公司的技术研发投资可以提升社会整体的技术水平，推动经济结构的优化升级。最后，高科技上市公司的市场开发投资，可以拓宽市场领域，扩大经济增长的空间。

然而，高科技上市公司投资决策对经济增长的推动作用也存在一定的风险和挑战。投资决策并非总是能够带来预期的效果，有的投资可能会因为市场环境的变化、竞争对手的应对等因素，导致投资失败。此外，虽然高科技上市公司的投资决策一般具有先见之明，但也存在短视行为，例如过于看重短期收益而忽视长期发展，过于依赖某一项技术而忽视其他可能的技术路径。以上这些都可能给高科技上市公司投资决策对经济增长的推动作用带来影响。

因此，高科技上市公司投资决策对经济增长的推动作用，既有其带来的正面影响也有其存在的风险。而如何正确对待和把握这种推动作用，需要在理解高科技上市公司投资决策的基础上，全面考虑其可能对社会经济带来的影响，从而提出具有针对性的政策措施，以实现经济的可持续增长。

五、货币政策对高科技上市公司投资决策的潜在影响

在全球化的经济条件下，货币政策作为一国宏观经济调控的重要工具，其变动对各类上市公司，尤其是高科技上市公司的投资决策产生了深远的影响。其中，"潜在影响"乃是不可忽视的一环。

首先，必须明确货币政策是何种造物。简而言之，货币政策是一国的中央银行或金融管理机构对货币供应量以及利率进行调整，以实现经济增长、控制通货膨胀以及维稳金融市场等经济目标。举例来说，当经济增长过快可能导致通货膨胀时，政府或许会选择引导货币政策收紧，借此来提高市场的借贷成本，遏制

过度投资。

货币政策的调整会通过利率和信贷政策两大方式影响高科技上市公司。首先，利率的调整对公司的融资成本有着直接影响。例如，提高利率以收紧货币政策，会导致上市公司融资成本提高，可能使得一些原本能够实现的投资项目因成本过高而无法实施，反之亦然。其次，信贷政策的变化也会影响到公司的投资决策。例如，央行信贷政策偏紧，银行贷款难以申请成功，那么上市公司的投资决策也会受制于资金短缺，投资规模也难以扩大。

具体地说，高科技上市公司作为经济发展最前沿，对外部环境的敏感度更高。货币政策的变动往往对这些公司的投资决策带来更大的挑战。一方面，高科技的研发常常需要大量的资金投入，并且研发回报周期长，风险大。货币政策收紧，融资成本上涨，使得公司的研发投入压力增大，投资决策更为谨慎。另一方面，高科技上市公司往往以创新为主导，对新技术、新市场的开拓需要大量的投资，货币政策宽松，融资成本下降，使得公司有更大的冒险空间，更有可能进行大胆的投资。

同时，也要考虑到技术进步和技术更新的速度以及竞争日益激烈的市场环境，这些都需要高科技上市公司进行更为频繁且高额的投资。而货币政策的调整往往对公司资金的往来产生巨大影响，进而影响公司的投资决策。例如，当货币政策宽松时，降低了公司融资成本，上市公司可能乘机加大研发投入，增强自身创新能力。反之，若面临货币政策收紧，融资成本提升，公司可能会对投资项目进行慎重考虑，甚至削减研发支出。

通过上述分析，可以逐步实现对货币政策变动对高科技上市公司投资决策产生潜在影响这一主题的深入理解。货币政策既能够影响上市公司的融资成本，也影响着上市公司的投资决策，而高科技上市公司则由于其独特的投资属性，使得这种影响更为凸显。因此，正确理解并判断货币政策的走向对高科技上市公司的投资决策来说至关重要。

六、研究的现实意义与价值

货币政策变动对高科技上市公司的投资决策具有深远的影响，也就是说，货币政策变动或许能够引起一系列的经济波动，从而影响高科技公司的投资行为。对于高科技领域上市公司来说，货币政策变动可能会对其投资估值、项目选择以及投资规模产生重大影响。这一研究有极其重要的现实意义和价值。

第一，研究货币政策变动如何影响高科技上市公司投资决策，对于把握经济态势，指导企业决策具有相当重要的参考价值。货币政策作为宏观经济政策的重要组成部分，其变动不仅仅是单一的经济领域的问题，而是会对全社会经济活动产生深远影响。特别是对于高科技上市公司而言，由于其独特的产业属性和投资性质，使得货币政策变动可能会对其产生更为明显的影响。通过深入研究和理解这一过程，企业可以根据货币政策的调整来预测未来的经济环境，从而制定出更符合市场环境的投资决策。

第二，货币政策变动对高科技上市公司投资决策的影响，同样也是企业提升经营管理效能，实现可持续发展的重要依据。对于企业而言，更好地理解和应对经济环境的变化，无疑是提升自身核心竞争力的关键。而深入了解货币政策对公司投资决策的影响，无疑是企业提升自身经营管理能力，实现可持续发展的重要手段。

第三，实证研究货币政策变动对高科技上市公司投资决策的影响，有助于提供制定更加精准有效的经济政策的理论支持和实践参考。一方面，通过对货币政策变动对高科技上市公司投资决策影响的深入研究，可以发现货币政策调整对高科技企业影响的实际效果，从而为政策制定者提供更为精准的政策建议；另一方面，这样的研究还能为我国在面对国际经济环境变动、调整货币政策时提供理论支持和实践参考。

第四，此类研究所揭示的货币政策变动对高科技上市公司投资决策的影响关系，对于理解企业组织行为以及整个社会经济运行的深层机制具有深刻的意义。从微观角度来说，高科技上市公司是社会经济生活的重要组成部分，它们的投资决策将会直接影响公司的生存和发展，进而影响整个社会经济的稳定和繁荣。而从宏观角度来说，货币政策变动和高科技上市公司的投资决策之间的关系，精准地反映了相应的社会经济运行规律，为全面理解和把握社会经济运行提供了重要视角和分析框架。

因此，研究货币政策变动对高科技上市公司投资决策的影响，无论对于企业经营决策，还是对于宏观经济政策的制定，或是对于深化对社会经济运行规律的理解，都有着重要的现实意义和理论价值。用深入的研究成果为社会的各个方面提供决策支持，是本研究的最高目的。

七、研究的学术意义与价值

在经济学的大课题中，货币政策以其重要的影响力以及涉及的广泛领域，一直是焦点话题。"货币政策变动对高科技上市公司投资决策的影响"这个课题从一个较新的视角出发，旨在揭示货币政策变动规律以及这种规律对于经济体制中的各类实体所产生的影响，其中对高科技上市公司投资决策的研究尤为突出。

在经济学领域，经济政策对上市公司投资决策的影响一直为学者们所关注。此课题正好立足于此，深入研究和探讨货币政策变动对高科技上市公司投资决策的影响。该研究所涉及的问题具有重大的学术意义和实际价值。

货币政策变动对于上市公司而言，时刻影响着其投资行为和决策。对于高科技公司来说，由于其自身经营活动对于资金的需求较大，投资决策的把握对于公司的发展具有至关重要的影响。在一个不断发展变化的经济体制中，货币政策的变动是必然的，高科技上市公司应如何灵活应对，明智决策，成为一个重要的课题。

具有重要的学术意义的一点是，此类研究成功填补了我国在此方面研究的空白，并且它的研究范围超越了纯粹意义上的经济学研究，它涉及了金融学、公司治理、决策理论等多个学科领域，具有强大的交叉性，也对相关学科的发展提供了一种新的研究视角和思考方式。

此外，这样的研究也具有很高的实际价值。对于公司投资决策的研究不仅可以指导各类企业在面临货币政策变动时，如何作出最适合其经营状况的投资决策，对于政策制定者来说，能够弄清楚货币政策的微观效应，挖掘出可能存在的政策风险，从而为更好地实施货币政策提供了指导。

以上的学术意义和价值表现在对经济体制的深入理解与研究，以及货币政策对上市公司投资决策的影响中。在此基础上，进一步研究高科技业的特点和定位，接着探索货币政策变动对高科技上市公司投资决策的影响，旨在对宏观经济政策对微观经济实体的影响进行深入的理解和探讨。虽然只是对其中的一部分进行了研究，但这一部分却具有代表性和实际价值。

此研究尝试站在一个全新的角度来观察并分析问题，希望能打开新的思路和视角，为进一步研究提供一种新的可能性。这是一个建构性的提问，它对于理解经济体制以及进一步深化改革具有不可或缺的作用。同时，对于高科技上市公司以及货币政策制定者来说，也有助于他们更清楚地认识到经济环境的变化对于投资决策的影响，从而作出迎合时代发展的正确决策。

在未来，希望此类研究的观点和方法能被更多的学者采用和推广，这对于推动我国经济学研究的发展，推动高科技上市公司的发展，以及推动我国经济体制的创新与完善，都将起到积极作用。对于货币政策的研究，以及对货币政策微观效应的探索，也将成为未来经济研究的一个重要方向。

第二节　国内外关于货币政策与投资决策的研究综述

一、货币政策的定义与类型概述

货币政策是一个国家独特的经济政策工具，通过调控金融市场中货币供应和需求的平衡，影响经济活动的运行。一般可以从两个层面理解货币政策的含义，即货币政策的目的和工具。货币政策的目的主要是通过控制经济的货币供给量，以调节通货膨胀、实现经济增长、消除或减少经济波动、促进就业和经常账户的平衡。而货币政策的工具主要分为直接工具和间接工具两种。直接工具包括信贷配额、信贷利率和保证金要求。间接工具主要是影响短期市场利率，包括公开市场操作、再贴现政策和存款准备金制度。

货币政策可以分为宽松货币政策和紧缩货币政策。宽松货币政策是指相对较低的利率和增加的货币供应，其目的在于鼓励消费和投资，以刺激经济增长。

相反，紧缩货币政策主要通过提高利率和收缩货币供应，来抑制过度的经济扩张和防止通货膨胀过快。

进一步来说，货币政策可以细分为数量型货币政策和价格型货币政策。数量型货币政策主要是通过调控货币供应量来影响整个经济系统，如调整储备金率或设定信用配额等。价格型货币政策则是通过影响价格总水平变动，如利率调整，来影响市场上的货币需求。

高科技上市公司的投资决策，无疑是受货币政策的深度影响的。在宽松货币政策期间，低利率环境使得公司借款成本低，资金融通更加畅捷，有利于公司的投资决策。与此同时，货币供应的增长也会吸引更多的投资者投资于股市，提高股票的市场价格，获得更多的股权融资，也对公司的投资有所刺激。反之，在紧缩货币政策期间，高利率会增加公司融资成本，导致公司投资意愿下降。

总的来看，国家的货币政策是影响高科技上市公司投资决策的一个重要因素。掌握货币政策的运行规律和变化趋势，对于公司的投资决策显得尤为重要，有助于公司抓住经济发展的机会，避免经济风险，下好经济发展的"棋"。

二、全球各主要国家货币政策演变与特点

在货币政策与投资决策关系的研究中，全球各主要国家的货币政策演变与特点是不可忽视的重要内容，特别是在经济全球化的背景下，各国实行的货币政策更是互有影响并在全球范围内产生深远影响。本部分将简要分析美国、英国、欧元区、日本以及中国这些主要经济体的货币政策演变与特点。

美国作为全球最大的经济体，其货币政策举足轻重，对全球经济产生深远影响。美国的货币政策主要由联邦储备系统（Federal Reserve System，Fed）负责制定和执行。从1970年代开始，美国Fed就已通过调整联邦基金利率来实行货币政策。这主要是通过开展公开市场业务（Open Market Operations）对货币供应进行控制，进而影响整体经济活动的增长速度。近年来，除了联邦基金利率，美国Fed还引入了溢出流动性工具（Excess Liquidity Tools）等新的政策工具。

英国货币政策主要由英国中央银行——英格兰银行来制定和执行。1997年以后，英格兰银行获得了独立的货币政策制定权，负责维护消费者价格指数的稳

定，并采用相应的策略来调控英国的经济。

欧元区的货币政策由欧洲中央银行（European Central Bank，ECB）来制定和实施。2007 年的全球金融危机后，欧洲中央银行采取了一系列非常规的货币政策，如大规模购买主权债券、负利率政策等，目标是防止通货膨胀过低并促进经济恢复。

日本自 20 世纪 80 年代以来，其货币政策以低利率和定量宽松为特点。国际经济环境恶化，尤其是"失去的 20 年"使得日本中央银行采取零利率和定量宽松政策。2001 年至 2006 年期间，日本实行过一次定量宽松政策，2013 年至今又实行第二轮定量宽松政策，阶段性地实现了量化宽松目标，但经济复苏并未完全实现。

我国自改革开放后，货币政策逐步转向了市场化、规范化。现阶段，我国的货币政策主要由人民银行来实施，以公开市场操作、存款准备金率、再贷款、再贴现等手段来调控货币市场利率和货币供应量，从而影响国内经济活动。随着经济的发展和外部环境的变化，中国货币政策也逐步发展和完善。

货币政策的发展和变化，影响着全球各国的投资环境和投资决策，使得高科技企业必须对全球货币政策持续关注并对投资决策进行相应的调整和应对。同时，货币政策也是推动经济发展、维护经济稳定的重要手段，对于高科技企业的长期生存和发展具有重要的影响。未来，随着各国不断深化货币政策改革和发展，货币政策对高科技影响的探究，及其与投资策略等问题的研究富有挖掘价值。在经济全球化的今天，深入理解各国货币政策的深度、广度、特征及其演变对于高科技上市公司绝对是必要和有益的。

三、中国货币政策发展历程及其对投资影响的研究

中国货币政策的发展过程大致可以分为三个阶段：计划经济时期的信贷配给政策、转轨时期的货币调控政策和加入 WTO 后的现代货币政策。在这三个阶段中，货币政策都以不同的方式对企业投资决策产生了影响。

在计划经济时期，由于市场功能受到限制，信贷配给政策作为当时的货币政策主导形式，主要依靠行政干预来调控投资。这导致企业往往忽视了投资效益和风险，形成了投资决策上的盲目性。这也是为什么在此阶段中国经常出现越权

投资、闲置投资和非理性投资的现象。

在经济转轨时期，为了适应市场经济的发展，我国货币政策逐渐从信贷配给向货币调控转变。以约束性货币政策为主的货币调控政策，是通过影响货币供应量或者利率水平，间接调控企业投资行为。在这一阶段，尽管货币政策对企业投资产生了显著影响，但由于市场化改革进程不断加深，货币政策对投资行为的影响力在逐步减弱。

自我国加入 WTO 以来，货币政策已经从单一的货币供应量控制转向了利率和汇率的双重调控。我国货币政策在此阶段开始更加注重实现内外部经济平衡。利率市场化是我国货币政策的重要手段之一，而货币政策对高科技上市公司的影响也越来越明显。例如，我国科技公司在这一阶段开始发行更多股票，与此同时，公司需要提高自身投资的回报率以吸引更多投资者。

对我国货币政策发展历程及其对投资影响的研究表明，与实体经济相比，金融环境对高科技上市公司的投资决策产生了显著影响。最新的研究指出，货币政策对高科技上市公司的影响并不仅限于利率和汇率的调控，还包括货币供应、信贷政策、宏观调控政策等多个方面。

总的来说，中国经历了从计划经济制度向市场经济制度过渡的历史过程，其在货币政策制定和执行过程中积累了丰富的经验。这些经验对于我国货币政策的现代化建设具有重要的指导作用。对货币政策与企业投资决策关系的研究，将有助于深化对我国货币政策效应的认识，也有助于更好地理解高科技上市公司的投资行为规律。

四、国外货币政策对企业投资决策影响的研究

货币政策对企业投资决策的影响，已经是金融经济学研究的一项重要议题。具体到本部分的主题——国外货币政策对企业投资决策影响的研究，这一部分中将分析和了解一些国家和地区是如何把货币政策工具运用于实际经济活动中，又是如何影响本国和其他国家的企业投资决策的。

在全球范围内，许多学术研究中都已经对货币政策和企业投资决策之间的关系进行了深入探讨。在这些研究中，确立了一个基本观念：货币政策的调整可

以改变企业的融资成本，从而影响企业的投资决策。例如，当中央银行采取紧缩性货币政策，提高利率时，企业的融资成本会增加，这可能导致部分投资项目因预期收益无法超过融资成本而被取消或推迟。

再具体来看一些对典型国家货币政策与企业投资决策关系的研究。在美国，经济学家因格尔和哈伯德的研究就揭示了货币政策调整对企业投资决策的难以预估的影响。他们发现，在经济衰退时期，即使中央银行出台宽松的货币政策，但企业由于预期未来经济状况不佳，可能并不会增加投资。这就需要政策制定者结合实际经济情况，灵活运用货币政策，引导企业作出有利于整体经济发展的投资决策。

在欧洲，特别是欧元区，也有大量研究围绕货币政策与企业投资决策的关联展开。欧洲央行的货币政策拥有一个特殊的象征意义，也就是其向市场传递的信号，可能会影响整个市场的企业投资决策。一些经济学家研究发现，欧洲央行在决策货币政策时，往往会考虑到欧洲经济整体的表现和未来预期，这会对企业的投资决策造成较大影响。

更多的研究表明，货币政策的影响并非仅限于单个国家或地区，它会溢出到全球范围，在全球化的当代，企业在投资决策时，也需要考虑到其他国家的货币政策情况，例如有研究显示美国的贴现率调整可能也会影响到欧洲和亚洲公司的投资决策。

最后，在分析国外货币政策对企业投资决策的影响时，还需强调的是，企业的投资决策是多方面因素作用的结果，货币政策只是其中一个重要因素，而且，货币政策对企业投资决策的影响效果也往往会受到其他经济政策、企业自身的财务状况、市场环境等因素的制约和影响。

在把握和了解了这些主要观点和信息之后，就能了解到，国外的货币政策在影响企业投资决策中的重要作用，也能理解企业在做投资决策时，需充分考虑和评估货币政策的影响。

五、高科技行业特征与投资决策

第一，要理解高科技行业的基本特征。高科技行业的特点主要表现为高度依赖科技、快速发展、产品生命周期短、投资成本高、风险大等几个方面。

高科技行业有着极高的科技依赖性，这决定了该行业的技术更新迅速，技术进步是其核心竞争力。同时，高科技行业的成果非常容易被复制，因此领先优势往往不会持续很长时间。基于以上因素，高科技行业的产品生命周期较短、投资成本较高。为了保持领先优势，企业必须不断进行研发投入，这使得其投资决策面临更大的风险。

第二，要详解分析高科技行业特性对投资决策的影响。在投资决策的过程中，高科技上市公司应把握好研发投资的节奏和方向，做好科技前瞻和市场预判，寻找新的业务增长点。与传统行业相比，高科技行业的并购投资决策、股权投资决策和债务投资决策，均面临了由科技、市场和竞争带来的更大不确定性，需要更精细化的风险管理，更长远的战略规划。

第三，高科技行业特性对投资决策的影响体现为对投资环境的不同认知。对于高科技行业的投资决策者来说，他们更加注重对人才、技术、市场等战略资源的掌控，更看中良好的创新环境和制度环境，并愿意为此投出更多的资源。他们的投资决策，更多地以提升企业核心竞争力、获取长期竞争优势为目标。

第四，高科技行业特性对投资决策的影响，表现为对投资效果的独特衡量和预期。高科技上市公司注重研发投资的收益，并把研发投入纳入长期成本和收益的考量，用于研发的资本不仅参与了风险的分担，也享有新技术带来的套利机会。同时，高科技上市公司可能将自身的价值创新、知识产权建设、售后服务能力建设等软要素，纳入投资效果的衡量。

总的来说，高科技行业的特性对上市公司的投资决策影响深远，涉及投资决策的每一个环节和每一个方面。把握好这种影响，理解和运用高科技行业的特性对投资决策的规律，将有助于高科技上市公司做出更精准、更高效、更有远见的投资决策。

六、国内关于货币政策与高科技上市公司投资决策的研究

在研究货币政策与高科技上市公司投资决策的关系时，不得不回顾过去几十年中国经济的历史发展以及不同阶段货币政策的演进。自改革开放以来，中国

逐渐实行市场取向的货币政策，其特征是利率市场化与法定金融机构准备金制度的建立。这种政策的执行，无疑对市场经济的稳定和发展起到了推动作用。

尤其值得注意的是，近年来，国内学界就货币政策与高科技上市公司投资决策的关系，进行了许多深入细致的研究，涉及货币政策的微观效应、货币政策的透明度、货币政策扩张对投资决策的影响等多个方面。这些研究大致可以归纳为以下几个方面。

第一，货币政策微观效应的研究。在王玉林等（2011）的研究中，他们通过实证检验发现，货币政策对我国上市公司投资行为具有显著影响，宽松的货币政策会刺激企业增加投资；相反，紧缩的货币政策会压制企业的投资意愿。

第二，货币政策的透明度研究。高透明度的货币政策对鼓励高科技公司的投资具有积极的作用。杜芳（2015）的研究中发现，货币政策预期的透明度有利于高科技公司做出更为审慎和稳健的投资决策。

第三，货币政策扩张与高科技上市公司投资决策的关系研究。根据张晓东等（2016）的研究，货币政策的扩张有助于推动高科技上市公司的投资决策，提高公司投资效率，是稳增长的有效手段。

另外，还有一些研究对货币政策的敏感性，以及货币政策对高科技上市公司投资决策的长期影响等方面进行了深入的探讨。如王艳（2017）的研究显示，资本密集型和创新型高科技企业更为敏感于货币政策的调整，正是这种敏感性推动了他们进行更为积极的投资行为。

在这些研究的基础上不难发现，货币政策不仅影响公司的短期投资决策，也塑形了长期投资决策的构建。而对于国内的高科技上市公司来说，更好地理解和利用货币政策，无疑会对他们在复杂的经济环境中作出更优的投资决策提供重要参考。

七、国外关于货币政策与高科技上市公司投资决策的研究

货币政策是影响国家经济运行的重要策略，当然，对企业的投资决策也有重大贡献，特别是对高科技上市公司，其影响尤为明显。在国外的研究中，关于货币政策对高科技公司投资决策的影响探讨已成为众多学者专注的焦点。

政策形成路径是了解货币政策对公司投资决策影响的关键。在典型的货币政策路径中，先由央行设定基础利率，再经由银行将其转化为社会上的实际利率，实际利率的变更对投资者具有指导意义，当利率提高时，投资的门槛增高，投资者可能会考虑减少投资，反之亦然。在货币政策的影响下，高科技公司的投资决策过程会受到信贷成本、利率风险、货币负担等多方面的影响。

多家研究机构和学者通过实证研究发现，货币政策的紧缩与放松对高科技公司的投资行为有重大影响。具体来说，货币政策紧缩时，经常带来银行贷款成本上升，这使得企业在进行投资决策时，更多地考虑贷款成本的影响，即使投资项目的长期收益良好，也可能因短期融资压力而改变决策。反之，货币政策放松时，贷款利率下降，企业更倾向于增加投资，以期获取更大的投资收益。

另外，货币政策的方向和力度也会影响市场环境，进而影响企业的投资决策。比如，强调货币稳定的政策可能会打击投资者的积极性，因为在这种环境下，投资者往往需要承担更大的不确定性风险。而在强调刺激经济增长的货币政策下，市场环境通常较为宽松，投资者可能会有更充裕的资金用于投资，从而改变投资决策。

此外，一些国外研究还提示，高科技上市公司的投资决策也会受到货币政策透明度的影响。高透明度的货币政策能够更好地指导投资者，从而帮助企业更好地作出投资决策。透明度低的货币政策，会增加投资者的不确定性，可能会导致企业过于谨慎，降低对高风险、高回报项目的投资。

国外的研究有着深刻而丰富的观察和探索，这对货币政策的制定与执行、高科技公司的投资决策，甚至整个经济社会的发展，都具有重要的指导和借鉴意义。总的来看，货币政策对高科技上市公司的投资决策有着复杂而深远的影响。希望上述分析能为理解货币政策如何影响高科技上市公司的投资决策提供一些有益的启示。这一主题值得进一步探讨和研究。

八、货币政策变动对上市公司投资影响机理的理论研究

货币政策的变动给各个经济体带来质的影响，尤其是对上市公司的投资决策产生深远影响。理解货币政策变动对上市公司投资影响的机理，就需要从给公

司的投资决策带来了哪些影响，以及如何影响两个方面来深入探讨。

货币政策主要由两大部分组成：货币供应量和利率。中央银行通过控制货币供应量和利率来调控经济，二者对公司投资决策的影响机理也是不同的。

货币供应量的改变主要通过影响公司的现金流量来改变其投资决策。现金流量受两个因素的影响，一是公司的收入；二是公司的成本。货币供应量的增加通常会使公司利润和投资回报的现金流量下降，反之则会增加；货币供应量的减少则会增加公司的现金流量。这是因为货币供应量的变化会改变市场的货币收入水平，从而影响公司的收入；同时，货币供应量的变化也会改变市场的利率水平，从而影响公司的利息成本，进一步影响公司的现金流量。

利率的变动则主要是通过影响公司的财务成本来影响公司的投资决策，进而影响公司的投资回报率。利率上升会增加公司的财务成本，使得一些投资项目的投资回报率降低，公司可能会减少投资；利率下降则会降低公司的财务成本，使得一些投资项目的投资回报率提高，公司可能会增加投资。这是因为财务成本是公司投资的主要成本之一，利率的变动直接影响公司的财务成本，进而影响公司的投资决策。

货币政策变动对上市公司投资影响的机理并不单一，而是多元化的。除了上述直接影响之外，货币政策的变动也可能通过改变市场参与者的预期来影响公司的投资决策。比如，中央银行加息可能会引起市场对经济未来走势的担忧，从而打击公司的投资信心；反之，中央银行降息则可能会刺激市场的乐观情绪，提高公司的投资信心。

此外，货币政策变动对上市公司投资影响的机理也会受公司特性的影响。比如，金融敏感性较高的公司，由于其财务成本与市场利率密切相关，因此其投资决策受市场利率变动的影响可能会大于其他公司。

以上就是货币政策变动对上市公司投资影响机理的理论研究的主要内容，通过深入理解上述货币政策对公司投资决策影响的机理，可以更好地理解和预测货币政策的变动对上市公司投资影响的走势和程度。这对于公司的投资决策具有重要的参考价值。

九、研究现状与不足

关于"货币政策变动对高科技上市公司投资决策的影响"的研究在国内外学者中已经广泛展开，其研究现状尽管已有一些成果，但各方观点不尽相同，仍有不足。

首先，一部分研究认为货币政策的变动对于上市公司的投资决策具有重大影响。他们以实证分析为主，大量研究数据显示，货币政策的紧缩或宽松直接影响了公司的融资成本，进而决定了公司投资意愿与决策。例如，当中央银行实行紧缩的货币政策，提高利率时，则会提高公司的融资成本，可能会导致公司减少投资，从而影响经济增长。反之，当中央银行实行宽松的货币政策，降低利率时，则可能会刺激公司投资，进而提升经济增长。

然而，另一部分研究者则持有不同的观点。他们强调，货币政策的变动虽然确实可能影响上市公司的投资决策，但这种影响并不是唯一的，也不是决定性的。货币政策的变动仅仅是影响公司投资决策的众多因素之一。比如市场竞争状况、公司内部生产效率、公司的财务状况、全球经济环境等，都会对公司的投资决策产生影响。

其次，还有一些研究者认为货币政策变动对公司投资决策的影响具有一定的时滞。他们发现，货币政策的变动并非立即对公司投资决策产生影响，而是经过一段时间后，才会对公司的投资决策产生影响。这可能是因为公司在决策时，需要考虑到许多因素，需要时间进行评估和分析，所以，货币政策的变动对公司的投资决策影响具有一定的滞后效应。

以上是货币政策变动对高科技上市公司投资决策影响研究现状的大概情况。可以看出，这个领域的研究还存在着诸多问题，需要进一步的探讨和深化。一方面，虽然许多研究都确认了货币政策的变动会影响公司的投资决策，但关于货币政策变动对公司投资决策具体影响的效应大小，以及影响的方向，国内外学者的研究结论并不一致。另一方面，现有的研究仍然主要依赖于实证分析，缺少理论研究，即对于货币政策变动如何影响公司投资决策的机制，目前尚未有一个确切的理论模型。此外，现有的研究也忽视了货币政策变动对不同类型公司，例如高科技公司和传统制造业公司投资决策的差异影响。

综上所述，货币政策变动对高科技上市公司投资决策影响的研究现状，尽管已取得了一些成果，但仍需要进一步的深化。这既需要深入理解货币政策变动的性质和功能，也需要准确把握和分析高科技上市公司的特点和需求，从而更准确地揭示其中的内在机理和规律。

第三节　研究内容、方法与创新点

一、研究内容

研究内容概览着重解析了货币政策变动对高科技上市公司投资决策的影响。货币政策是影响经济活动的重要经济手段，其微妙的变化有可能对高科技上市公司的投资决策产生重大影响。具体讲，这一研究主要探讨了货币政策的调整，如利率的涨跌、货币供应量的增减等如何影响高科技上市公司的投资决策。

货币政策的变动，一般表现为利率的变化，可能影响企业通过市场进行融资的成本，从而改变其投资决策。例如，当央行提高利率时，企业融资成本上升，可能减少投资，反之，则可能增加投资。对于高科技上市公司来说，更关注的是货币政策的变动会如何影响科技创新的资金投入与回报期望。

货币政策的微妙变化可能会改变投资者对于未来经济发展的预期，这种预期会反过来影响其投资决策。例如，央行宽松的货币政策可能使投资者预期未来经济增长，而消费者和企业的这种预期有可能就会引发实际的经济增长。对于高科技上市公司来说，其投资决策更多是基于对未来科技趋势的预期，货币政策的变动也会影响其预期。

同时，除了考虑利率和预期等因素之外，货币政策变动对于以股票为主要融资工具的高科技上市公司的影响，也是本书研究的重点。货币政策的变动会影响股票市场的波动，从而影响上市公司的融资成本，这是研究中需要深入探讨的问题。

另外，货币政策的变动也可能会影响高科技上市公司的国际投资决策。例如，当某国实施宽松的货币政策时，该国货币可能会贬值，如果高科技上市公司有国际投资，那么货币贬值可能对其投资回报造成影响。当然，也有可能出现了货币贬值，但由于其他因素，如投资环境的改善等，使得高科技上市公司的投资决策并未产生明显的变化。

最后，还需要考虑到，即使同样的货币政策变动，对于不同的高科技上市公司的影响也可能是不同的。企业的管理层决策风格、企业所在的行业等都可能对企业对外部经济环境变动的反应产生影响。因此，需要利用实证经济学的方法，通过收集和分析大量的数据，才能探明货币政策变动对高科技上市公司投资决策的真实影响。

通过对以上所述的各个方面的深入研究，将货币政策的宏观效应与高科技上市公司的投资决策的微观逻辑联系在一起，就构成了本书研究的主要内容。

二、理论研究方法

对于货币政策变动对高科技上市公司投资决策影响的研究，需要采取一种科学的理论研究方法。在理论研究方法的阐述中，主要包括理论框架的构建、经济学原理的应用以及实证分析方法的运用。

理论框架的构建是理论研究的第一步，它为对复杂问题的研究提供了组织思想和理解事物的架构。在本书中，理论框架主要围绕货币政策变动和高科技上市公司投资决策两个变量，探究两者之间的关系。从宏观经济的角度，考虑货币政策变动对总体经济环境的影响，进而对公司投资决策产生微观影响。同时，考虑公司内部因素如公司规模，公司治理结构等对公司投资决策的作用。

经济学原理是构建理论框架的基础，也是进行理论分析的工具。例如，可以运用投资决策理论来分析货币政策变动对公司投资的影响。当货币政策宽松，利率下降时，公司的融资成本降低，这将刺激公司增加投资。相反，当货币政策紧缩，利率上升时，公司的融资成本升高，这将抑制公司投资。

实证分析是将理论研究落地的有效途径。可以利用多种统计方法、回归分析等手段，收集并整理相关数据，对理论假设进行检验。例如，可收集历史数据，研究货币政策变动和公司投资决策之间的关系，看看宽松或紧缩的货币政是否像理论预测那样影响公司投资行为。

　　本研究内容的创新点在于从一个新的视角——货币政策，去解读高科技上市公司的投资行为。通常，关于公司投资决策影响因素的研究趋向于集中在公司内部因素，如管理层决策、公司治理等。而本书的研究则强调了外部经济环境，尤其是货币政策对公司投资决策的影响，这是以前的研究中经常忽视的。这种视角将有助于读者更全面地理解影响公司投资决策的各种因素。

　　此外，书中使用的研究方法结合了理论分析和实证研究，既有学理上的深度，又有实证上的可操作性。这种方法有利于更准确地理解和解读问题，为决策者提供有实用价值的参考信息。

　　理论研究方法的展述旨在明确如何使用经济学的理论工具，结合实证研究，去探讨和深入问题的实质，为推动研究的深度和广度，提供了有效的路径。这对于理解本书的主题具有重要的意义。

三、实证研究方法

　　实证研究方法是社会科学研究中的一种重要方法，也是本研究使用的关键工具之一。实证研究强调通过收集数据，使用科学的、量化的分析手段，研究并得出客观的、可验证的结论。通过对一定数量的样本进行科学分析，得出的论证结果更具有广泛的适用性和普遍性。因此，在本研究中，选用实证研究方法去研究货币政策变动对高科技上市公司投资决策的影响，旨在提供充分的量化证据，让分析和结论更具说服力。

　　在实证研究中，问题定义和研究设计是至关重要的。问题定义包括清晰地确定研究的主题、研究的目的以及寻找与主题相关的理论和实证资料。研究设计则包括选择研究的方式、确定数据来源和样本、选择研究的变量和测量单位、构建研究模型以及设计实证分析的方法等步骤。

　　在实证研究中获取数据的方式主要有两种，一种是二手数据，即研究者利用以前的研究、官方统计、公司报告等公开的和可再生的信息资源；另一种是一手数据，即研究者通过自己的观察、调查、实验等直接获取数据。在处理数据时，需要运用统计学的方法，对数据进行准确的描述、测度和分析。只有这样，才能从数据中提取出有意义、有价值的信息，从而得出研究结论。

在本研究中，引入了许多独特的实证分析方法。在选择数据样本时，主要考虑高科技上市公司的特点，以保证数据的有效性和可比性。选取一系列与货币政策变动和公司投资决策相关的解释变量，这在以往的研究中尚鲜有人做。构建动态模型，考虑到货币政策变动对公司投资决策会有滞后的影响，也会有一定的持续时间，这比静态模型更贴合实际。全面的模型设定和精确的数据处理方法，使得笔者可以从更深层次、更宽视角探讨货币政策变动对高科技上市公司投资决策的影响。

本书的研究不仅仅局限于实证分析的结果，同时也尝试解释这些结果的经济意义，深入探讨货币政策变动如何通过各种经济机制影响上市公司的投资决策。依据实证结果提出建议，对于政策制定者和经济参与者来说具有实际参考价值。

所以，实证研究方法并不只是一种工具，更是一种科学的理念和态度。将其引入本研究中，是希望借由实证研究的力量，使本书的研究更具科学性、客观性和说服力。希望这种对事实的细致观察、对数据的精确处理和对结果的深度解读，能使研究更真实、全面、深入，这对于了解和预测货币政策变动对高科技上市公司投资决策的影响，具有重要的价值。

四、创新点

（一）对货币政策与高科技投资决策关系的深化理解

在研究货币政策对高科技上市公司投资决策的影响中，第一个创新点是对这两者关系的深化理解。从宏观经济的角度，货币政策是影响经济运行的重要手段，而投资决策则是公司追求利润、规避风险的重要手段。

从理论角度出发，货币政策的调整会产生真实经济效应，从而影响上市公司的投资决策。对于高科技公司来说，由于业务特性和经营环境，以及风险收益特征等因素的影响，其对货币政策的反应可能与传统行业存在差异。对货币政策与高科技投资决策关系的深化理解，需要从理论基础建构、实证研究、政策应用三个环节展开。

　　理论基础建构主要是从现行经济学理论出发，在传统投资理论的基础上，探索和解释货币政策与高科技公司投资决策之间的联系。就货币政策影响企业投资决策的机制来看，目前的主要理论有货币传导机制、余额效应理论、信用通道理论、期望通道理论等。这些理论虽然得到了广泛的认同和应用，但在对高科技公司的适用性上，仍存在待解决的问题。比如，高科技公司的商业模式、盈利模式、风险收益特征等可能对货币政策的反应存在特殊性，需要在这些理论的基础上，进行有针对性的发展和完善。

　　实证研究方面，主要是运用现代计量经济学方法，对货币政策与高科技公司投资决策的关系进行定量研究。在这方面，可以从两个维度进行讨论：一是货币政策对高科技上市公司的影响，如何通过货币传递机制影响高科技公司的资本成本、现金流、利润预期等，从而影响其投资决策；二是高科技上市公司如何应对货币政策的影响，它们采取了哪些适应策略、风控手段，以规避货币政策带来的风险，把握利润机会。对这两个问题深化研究，可以揭示货币政策到高科技投资决策的传导路径，为政策制定提供依据。

　　政策应用方面，主要是利用理论和实证研究成果，探讨如何优化货币政策与高科技企业投资政策的搭配，使之更好地服务于高科技行业和实体经济的发展。具体而言，一方面，通过研究发现，对于不同的高科技企业，货币政策的影响程度可能存在差异，这就需要在货币政策制定上，考虑更为细化的差异化政策；另一方面，高科技企业在应对货币政策的过程中，需要采取何种策略，这既是企业自身的决策课题，也是政策制定者需要参考的重要信息。总的说来，对货币政策与高科技投资决策关系的深化理解，有利于从理论到政策，构建一套更为完善的决策制度和政策系统。

　　在以上的研究过程中，不仅可以根据具体实证结果，解读和解析货币政策与高科技投资决策之间的链条关系，而且还可以根据理论发展和政策制定的需求，对这个问题提出新的研究问题和思考路径，推动相关研究的深化发展。总之，对货币政策与高科技投资决策关系的深化理解，不仅可以推进学术研究的前沿，丰富现有理论，提供新的政策建议，而且还可以促进高科技公司更好地应对货币政策，优化投资决策，从而推动经济社会的高质量发展。

（二）通过中介效应揭示货币政策对投资决策的间接影响

本书研究的第二个创新点在于通过中介效应，以一种全新的视角揭示货币政策变动对高科技上市公司投资决策的影响。换句话说，本研究并不直接研究货币政策与投资决策的关系，而是引入第三个因素，即中介因素，深入挖掘货币政策变动对投资决策的间接影响机制。

那么，什么是中介效应呢？中介效应是一个相对复杂的统计概念，涵盖了两个变量之间关系的变化，可以将其视为一个桥梁或通道，连接了自变量和因变量之间的关系。中介效应的研究有助于理解并解释两个变量间存在的关系，以更好地理解两者间关系的构成原理。

在这个研究领域，中介效应的实证分析通常依赖于大样本理论。如果变量之间的关系在拆解后仍然存在，这意味着中介效应可能作出解释。通常首先研究自变量和因变量之间的关系，再考虑中介变量对这种关系可能的影响。

在高科技上市公司投资决策的实际操作过程中，货币政策变动无疑是重要的影响因素。然而，这种影响并不仅仅以直接的形式出现。通过引入中介变量，可以探究货币政策变动对投资决策的更深层次、更复杂的影响机制。例如，货币政策变动可能影响金融市场环境，这种环境变化进而对投资决策产生影响，构成了一种中介效应。

这种中介分析的方法可以提供全新的研究视角，有助于更深入、更全面地理解货币政策变动如何影响投资决策。这不仅为公司决策者提供了具有实际操作意义的参考信息，更为货币政策制定者如何有效调控经济环境、促进企业健康发展提供了科学依据。

货币政策变动对高科技上市公司投资决策的影响，显然是一个复杂的过程。此时，中介效应分析就显得尤为重要。因为中介效应分析不仅能够揭示自变量与因变量直接关系的显著性，更能够揭示出对于因变量的效应来源，如中介变量的载入能否显著提高模型的解释程度，或者被解释的效应能否被部分或者全部归因于中介变量。此外，中介效应还能展现出变量间的作用机制，提供从因果关系到作用机制的分析框架。

因此，本研究通过引入中介效应分析，尝试从新的角度、更深层次去理解货币政策变动对高科技上市公司投资决策的影响机制，这也是本研究的一大创新之处。直面高科技行业瞬息万变的外部环境，揭示货币政策变动的深层影响，为企业决策和政府政策制定提供实质性的思考和支持。

（三）通过多维度影响全面揭示货币政策变动对投资决策的影响

本书研究的第三个创新点为：首次多维度揭示货币政策变动对高科技上市公司投资决策的影响，具体来说，包括公司内部条件、货币政策的信号传递、企业投资行为以及宏观经济环境四大维度。

在公司内部条件方面，投资决策的影响因素复杂多样，公司的资金结构、盈利能力、经营风险等都可能影响到最终的投资决策。据此，本书意在研究货币政策变动在这些条件下是否会对投资决策产生影响，具体来说，货币政策的紧缩或宽松是否会影响公司的投资决策。通过这种方式，可以更深入了解货币政策影响企业投资决策的细节。

在货币政策的信号传递方面，货币政策尤其是中央银行的政策决策，常常被认为是企业决定其投资行为的重要参考信号。本书将尝试分析货币政策变动如何通过信号传递影响公司投资决策，比如货币政策的变动是否会影响公司对未来经济形势的预期，从而影响其投资行为，这有助于更好地理解货币政策的信息传递机制，以及这种机制如何作用于企业投资决策。

在企业投资行为方面，投资决策在企业经营中占据重要位置，而货币政策变动对此的影响程度对于政策制定者和市场参与方来说都具有重要的现实意义。因此，本书也将在原有研究的基础上，进一步考察货币政策变动对企业投资行为的实际影响，以期能够为政策制定者以及高科技企业提供更为详实的参考依据。

在经济环境因素方面，经济环境会在一定程度上影响货币政策对高科技上市公司投资决策的效应。因此，本书亦将探讨在不同经济环境下，货币政策对于企业投资行为的影响程度，进而揭示经济环境和货币政策变动如何影响企业投资行为的复杂关系。

综上，本书将有助于更深入理解货币政策的实质影响，同时为高科技企业和政策制定者提供更为实证和全面的参考依据，进一步推动高科技企业健康可持续发展。

---◇ **第二章** ◇---

货币政策与高科技上市公司投资决策的理论基础

第一节　货币政策工具及其对企业投资决策的传导机制

一、货币政策工具的分类与特性

货币政策工具的分类与特性是货币政策研究的关键之一，其与高科技上市公司投资决策有密切的关系。货币政策工具可以根据其操作方式和影响力程度进行分类，而其特性则决定了这些工具在影响企业投资决策时的传导效应和机制。

货币政策工具通常分为直接和间接两大类。直接工具，如银行存款准备金率、再贴现率等，是以强制方式直接影响商业银行行为的一类货币政策手段。间接工具，如公开市场操作、利率调控等，是通过影响市场利率或货币供需条件，从而对商业银行行为产生间接影响的一类政策手段。这两类工具在货币政策的实施过程中具有不同的应用侧重，直接工具更多应用于经济体系比较闭塞、市场化程度较低的经济体系，而间接工具旨在通过市场机制实现其政策效果，适合市场化程度较高、金融环境较为开放的经济体。

具体来看，不同的货币政策工具有着各自独特的特性。如存款准备金率，其是一种以提高商业银行自有（储户的存款）和借入（人民银行的贷款）中的一部分存款放在人民银行的方式来影响商业银行信贷能力的工具。再贴现率，是商业银行向中央银行贴现或重贴现短期票据的利率，其影响商业银行短期融资成本，进而影响商业银行对企业的信贷策略。公开市场操作，主要是中央银行通过购买和出售政府证券，影响商业银行的储备金和货币供应量，并最终影响市场利率。而利率调控，主要体现在中央银行通过直接或间接的方式影响贷款利率和存款利率，从而调控货币的供求，并最终影响整体的投资与消费水平。

　　说到货币政策工具对企业，尤其是对高科技上市公司的投资决策影响的传导机制，它主要通过信贷通道和资产价格通道两个途径进行。信贷通道意味着中央银行的货币政策工具，尤其是利率、贴现率和储备金率，可以影响商业银行的信贷供应，由此影响企业的投资资金来源和成本。资产价格通道则是指货币政策可以影响金融资产和实物资产的价格，进而影响企业的货币资产和实物资产价值，从而影响企业的投资决策。

　　对于高科技上市公司投资决策而言，货币政策的影响呈现出更高的复杂性。一方面，这些企业通常拥有较强的融资能力和市场地位，对中央银行的货币政策操作相对具有更大的估测准确性，能更好地利用利率变动来投资或筹款，因此这类企业在面临货币政策变动时往往可以更快更灵活地做出投资决策。另一方面，高科技企业的产业特性使其对货币政策变动的反应可能更为敏感。由于科技改变、技术更新快、产品生命周期短等因素的影响，投资（尤其是研发投资）实施和收益的时间跨度较大，且投资风险相对较高，因此高科技企业对未来利率和经济环境的预期相对更为敏感，而货币政策即是影响企业这种预期的重要因素。

　　因此，货币政策工具的选择和实施，是中央银行调控宏观经济、维持经济稳定的重要手段，其对于高科技上市公司的投资决策影响不容忽视。同时，这也是货币政策研究的重要领域，需要进一步深化研究，为中央银行制定和调整货币政策，以及公司投资决策提供更为科学的指导。

二、信贷政策工具和投资决策的关系

信贷政策工具作为货币政策的重要手段，之所以能够影响企业的投资决策，本质上还是通过调控市场资金供应量来实现的。根据货币理论，市场资金供应量与市场利率之间存在着显著的负相关关系。这是因为，当市场资金供应量增加时，市场利率会随之下降，而利率下降则有利于企业借款投资。反之，当市场资金供应量减少时，市场利率会随之上升，而利率上升则会使企业借款成本增加，抑制企业的投资欲望。

对于高科技上市公司来说，由于其业务的特殊性，对资金的需求通常比其他类型的企业要大。因而，在市场资金供应量变动的过程中，高科技上市公司的投资决策也会随之产生相应的变化。进一步来说，正是信贷政策工具调控下的市场资金供应量的变动影响了高科技上市公司的投资决策，反过来又影响了整个社会经济的稳定与发展。

具体而言，当政策制定者通过信贷政策工具，例如调节存款准备金率或贴现率，大量投放市场资金时，市场利率下降，企业的借款成本降低，高科技上市公司会倾向于扩大投资，加速扩张。特别是对于那些以研发、创新为主的高科技上市公司来说，更需要大量的资金来保证自身的技术创新。因此，政策制定者的宽松信贷政策，无疑为高科技上市公司提供了极大的发展空间。

反过来，当政策制定者以调整信贷政策工具来收缩市场资金，提高市场利率时，企业的借款成本增加，高科技上市公司的投资热情会震荡甚至减弱。对于需要大量资金投入的高科技企业来说，资金紧张环境下就需要更为谨慎地进行投资，甚至可能需要暂停一些大规模的研发项目。

需要注意的一点是，信贷政策工具影响企业投资的传导机制并非一蹴而就的过程，而需要经过一系列的中介环节。简单来说，信贷政策首先会影响银行信贷行为，进而通过改变企业的资金成本和杠杆效应影响企业投资。对于高科技企业来说，其杠杆效应明显，特别是在资金紧张时，对于信贷政策的敏感度更高。

在理论研究上，学者们广泛认为，信贷政策工具对企业投资的影响主要表现在两方面：一方面，信贷政策能够通过调节市场利率，间接影响企业投资决策；另一方面，信贷政策能够通过调节银行信贷行为，直接影响企业投资。这种看法不仅在理论上得到了广泛的认可，也在实证研究中得到了验证。

综上所述，信贷政策工具作为货币政策的重要组成部分，对于高科技上市公司的投资决策产生着深远的影响。政策制定者在运用信贷政策工具时，一方面，目标是稳定市场、控制通货膨胀；另一方面，也需要考虑信贷政策对实体经济，特别是对高科技上市公司的影响。如何挖掘和运用信贷政策工具的经济内生机制，使之既能满足货币政策的需求，又能激发高科技上市公司的投资活力，是所有经济学者和政策制定者需要仔细思考的问题。

三、利率工具对企业投资决策的影响

在深入研究货币政策工具对企业投资决策的影响之前，首先需要理解什么是货币政策工具。货币政策工具是货币当局，如中央银行，为实现特定货币政策目标而使用的一种手段，常见的货币政策工具有多种，其中包括利率工具。利率工具是指中央银行通过设定基准利率，如回购利率、存款利率等，来影响市场的资金成本，进而在经济中传导出去，产生影响。如何理解利率工具对企业投资决策的影响呢？

对于高科技上市公司而言，投资决策是一项至关重要的运营活动，其中涉及的投资项目可能包括研发、设备升级、市场拓展等多个方面。企业的投资决策会受到许多因素的影响，如市场环境、企业内部战略、盈利状况等，其中，货币政策的影响也不可忽视。具体到利率工具，它主要通过以下几个方面影响企业的投资决策。

首先，利率的高低会间接影响企业的投资成本。利率是衡量资金借贷成本的主要标准，企业在进行投资决策时，通常会考虑投资项目的净现值，而利率是计算净现值的重要参数。当利率降低时，资金的时间价值减小，投资项目的净现值会增大，从而使投资项目更具吸引力，进而激发企业的投资意愿。反之，利率上升则会提高资金的时间价值，降低投资项目的净现值，可能会抑制企业的投资意愿。

其次，利率的高低也会影响企业的融资成本，进一步影响投资决策。企业的投资通常会有一部分依赖外部融资，在市场经济环境下，企业融资主要通过银行贷款和发行企业债券等方式来进行，而这些方式的融资成本都与利率密切相关。利率下降会降低企业融资的成本，使得企业在考虑投资项目时，更加倾向于选择需要较多投入的项目。反之，利率上升则会提高企业的融资成本，可能会使企业在考虑投资的时候，更偏向于选择那些投入少、回报快的项目。

再次，利率的变动会影响企业的现金流预期，这也是影响投资决策的重要因素。因为利率影响了融资成本，从而影响了企业的负债结构和财务状况，这会改变企业的现金流预期。比如，当利率上升时，企业的融资成本提高，那么在预期中企业未来的自由现金流量可能会下降。这种预期会影响投资决策中对未来现金流的预测，从而影响投资的吸引力。

最后，不能忽视的是，利率的变动还可能通过影响宏观经济环境，进而影响企业的投资决策。如果中央银行提高基准利率，可能会导致经济增长放缓，消费者和企业的信心受损，反过来可能抑制企业的投资决策。反之，如果中央银行对利率进行降低，可能会刺激经济增长，提高消费者和企业的信心，这可能会激发企业的投资意愿。

综上所述，利率工具对企业投资决策的影响是复杂而多层次的，涉及企业投资成本、融资成本、现金流预期以及宏观经济环境方面。对于高科技上市公司而言，了解并掌握这种关系，是其做出符合自身业务发展，同时又能适应宏观经济环境变化的投资决策的重要前提。

四、储备金率政策与投资行为的连带效应

储备金率，作为一种主要的货币政策工具，对企业的投资决策具有显著的影响。在政策制定和实施过程中，储备金率的调整直接影响了商业银行的信贷行为，从而产生连带的效应，进一步影响高科技上市公司的投资行为。

首先，要理解什么是储备金率。简单来说，储备金率是指商业银行将其净存款的一部分存入中央银行作为备用资金的比例。它是中央银行进行货币政策调控的重要工具之一，用于调控市场的货币供应量，从而实现宏观经济的稳定。中央银行通过调高或调低储备金率，可以主动地调整商业银行的信贷资金供应能力，进而影响市场的利率水平和投资环境。当储备金率上升时，商业银行可用于

贷款的资金减少，市场利率提高，投资环境相对较差；反之，当储备金率下降时，商业银行可贷款资金增多，市场利率降低，投资环境相对较好。

其次，进一步探讨储备金率政策对高科技上市公司投资行为的影响。首先，储备金率的变动会改变公司的筹资成本。上述分析已经指出，储备金率的变动会影响市场利率。因此，储备金率的上升会增加公司筹资的成本，限制公司的投资行为；反之，储备金率的下降会降低公司筹资的成本，促进公司的投资行为。其次，储备金率的变动会改变公司的投资收益预期。一方面，当储备金率上升时，由于筹资成本提高，可能降低了公司投资的预期收益，从而抑制公司的投资行为；另一方面，当储备金率下降时，由于筹资成本降低，可能提高了公司投资的预期收益，从而推动公司的投资行为。

然而，企业的投资决策不仅受到筹资成本和投资收益预期的影响，还与公司自身的经营状况、行业趋势、宏观经济环境等多种因素关联。因此，储备金率政策并不是决定企业投资行为的唯一因素，而是影响企业投资决策的一个重要因素。

需要提醒的是，既然储备金率政策对企业投资行为会产生连带效应，那么政策制定者在实施货币政策时，应充分考虑储备金率变动的影响。首先，要掌握储备金率政策对商业银行信贷行为和市场利率的影响，形成恰当的政策预期。其次，要评估储备金率变动对企业投资行为的可能效应，为政策制定提供决策依据。最后，要通过多元化的政策手段，包括利率政策、信贷政策等，共同调控市场经济环境，以实现货币政策的目标。

当然，企业在作出投资决策时，也应考虑到储备金率政策的连带效应。一方面，企业应密切关注储备金率政策的变动，适时调整投资策略，从而降低筹资成本，提高投资收益。另一方面，企业应充分利用各种金融工具，如期货、期权等，来对冲因储备金率变动带来的投资风险。

总的来说，储备金率政策通过影响商业银行的信贷行为和市场利率，从而产生连带效应，进一步影响高科技上市公司的投资行为。面对货币政策的变动，企业需提高警惕，合理应对，使自身的投资决策得以优化。而政策制定者亦应深化对储备金率政策连带效应的认识，以期制定出更加科学、有效的货币政策。

五、外汇政策工具对公司投资决策的影响

在探讨外汇政策工具对公司投资决策的影响前，首先需要对两者有一个基本的了解。外汇政策通常包含汇率政策和外汇储备政策，这两者都是中央银行在对外经济活动中调控手段的重要组成部分。而公司投资决策则涉及企业在投资的时机、对象、方式和规模等方面进行战略性的选择。

外汇政策工具对公司投资决策的影响首先表现在汇率上。汇率水平和走势对公司投资决策有直接影响，这主要体现在对投资预期、资金成本和投资回报率的影响上。具体来讲，汇率上涨可能会提高公司的期望收益，激励其扩大投资；相反，汇率下跌可能降低公司的期望收益，抑制其投资意愿。此外，汇率波动也会对企业的风险承受能力和投资决策产生重要影响。

其次，外汇储备政策也是影响公司投资决策的重要因素。外汇储备政策可以影响国内货币的供求平衡，进而影响利率水平。如果中央银行通过增加外汇储备减少货币供应，导致短期内市场利率上升，这可能会增加公司的融资成本，抑制公司的投资意愿。反之，如果中央银行通过减少外汇储备增加货币供应，使得市场利率下降，这可能会降低公司的融资成本，激发公司的投资意愿。

再次，未来的汇率预期也是影响公司投资决策的重要因素。如果企业预期未来汇率将上升，那么在投资决策中就更倾向于采用外债融资，以借助未来汇率上升增加投资利润。反之，如果企业预期未来汇率将下跌，那么在投资决策中就更倾向于采用国内债务融资，以避免因汇率下跌而导致的投资损失。

最后，外汇政策工具对公司投资决策的影响还体现在对外经济环境的改变上。例如，汇率政策的调整可能导致国际贸易环境和全球投资环境的改变，这将对公司的投资决策产生影响。如果由于汇率政策的调整导致国际市场的不确定性增加，国际投资环境恶化，这可能会抑制企业的海外投资决策。反之，如果汇率政策的调整有利于改善全球经济环境，那么公司可能会增加海外投资。

总的来看，外汇政策工具对公司投资决策的影响是多方面的，并且并非单向性的影响，需要具体情况具体分析。需要指出的是，不同的企业对外汇政策的敏感程度可能会不同，一些从事国际化业务的企业可能对外汇政策变动的影响更为敏感。对于这些企业来说，他们在作出投资决策时，必须充分考虑外汇政策的

变动可能带来的影响。而对于政策制定者来说，在制定或调整外汇政策时，也应考虑到其可能对企业投资决策的影响，以避免给企业投资带来过多的不确定性。

六、货币政策传导过程中的企业响应

在货币政策的传导过程中，企业的响应起着至关重要的作用，这是因为企业的投资效益将直接影响自身的生存和发展，而货币政策的变动也直接影响到企业的投资决策。这种影响主要表现在企业的投融资成本、财务状况、借贷环境等诸多方面。进一步深入分析，其主要观点、概念和信息可以分解为以下几个部分。

第一部分，货币政策对企业投融资成本的影响。货币政策的宽紧对市场的资金供求状况有着直接影响，进而影响贷款利率水平，影响企业的借贷成本。一般来说，宽松的货币政策会降低贷款利率，使得企业的贷款成本降低，从而对企业作出更多的投资引导；相反，紧缩的货币政策会使贷款利率上升，企业的投融资成本提高，投资意愿可能会受到抑制。

第二部分，货币政策对企业财务状况的影响。当货币政策环境发生变动时，企业的资产负债结构、现金流量、利润水平等关键财务指标也会受到影响，进而影响企业的投资决策。例如，如果企业在利率较低的环境下有较大的借贷，那么在利率升高的环境下，企业的利息负担增大，可能会使企业对于新的投资项目产生警惕心理。

第三部分，货币政策对企业贷款环境的影响。货币政策对银行的贷款政策有着直接影响，进而影响企业的融资环境。通常情况下，宽松的货币政策会鼓励银行增加贷出，而紧缩的货币政策则可能导致银行收紧贷款。因此，货币政策对企业贷款环境的影响也将影响企业的投资决策。

从以上分析可以清晰看出，货币政策对企业投融资成本、财务状况和贷款环境有着直接和明显的影响。在一个变动的货币政策环境下，企业的响应会体现在其投资行为的变化上，而这种变化将直接反映在企业的投资环境和投资结果上。

在货币政策的即时、频繁和普遍性影响下，企业需要有针对性地调整自身的投资策略和决策，从而应对不断变化的宏观经济环境。同时，政策制定者也需要足够清楚和细致地了解企业的反馈和响应，以便制定出更为有效和合适的政策。总的来说，货币政策传导过程中的企业响应关乎着企业的流动性管理、投资决策，甚至影响到企业的生存和发展，值得所有相关方和决策者等高度重视和深入研究。

七、货币政策工具调整对投资决策期限的影响

货币政策工具调整对投资决策期限的影响，是货币政策对企业投资决策重要影响方面之一。必须先了解货币政策和投资决策的基础概念，明白货币政策工具如何调整，投资决策期限又是如何被影响的。

货币政策是由中央银行或货币当局制定和实施，以控制货币供应和利率，从而影响经济总体表现的一种政策工具。货币政策工具主要分为开放市场操作、存款准备金制度和基准利率等。而投资决策则是企业决定将资源分配到哪些项目和活动上，以实现其长期目标和利益最大化。

现在，将着重探讨货币政策工具调整对投资决策期限的影响。企业的投资决策期限，通常是指从投资项目启动，到收回全部投资及预期利润的时间。货币政策的变动，对于企业的投资决策期限有着重要的影响。

对于长期投资决策，其影响主要反映在利率和货币供应上。一方面，基准利率调整会影响企业投资项目的融资成本，从而影响投资项目的回报期；另一方面，货币供应变化会影响企业的资金成本和流动性，对投资决策期限有重要的影响。例如，当货币政策收紧，利率上升，货币供应收缩时，企业投资成本增大，流动性降低，可能使得一些较长期的投资项目不再具有经济效益，企业可能会缩短投资决策期限，选择较短期的投资项目或暂时停止投资。

在短期投资视角，影响主要体现在企业现金流和市场预期上。当中央银行实施宽松的货币政策，降低利率和增加货币供应时，企业现金流会得到改善，利于短期投资。同时，市场对经济发展的预期会变得积极，也会影响到企业的短期投资行为。但是，如果货币政策调整幅度过大或过快，可能会引发市场不确定性，会遏制企业的短期投资行为。

总结来看，货币政策工具调整对投资决策期限的影响实则是一个动态且复

杂的过程，它与企业的投资策略、经营环境、企业类型等多种因素密切相关。因此，在讨论货币政策工具调整对投资决策期限的影响时，要结合具体的经济环境和企业实际，进行全面细致的分析。

八、货币政策操作模式与企业投资决策

货币政策操作模式对企业投资决策的影响十分明显，而这一影响也在全球范围内得到了广泛的研究和确认。投资决策是指投资人根据自身的资金状况、投资环境以及投资目标，进行投资选择并采取相应行动的一种决策行为。可见，投资决策的产生，是在一系列的因素影响下完成的，而这些投资决策的制约因素中，货币政策工具的运用无疑是一个重要因素。

货币政策操作模式主要有三种，第一种是直接进入金融市场，通过公开市场操作来引导流动性的程度和价格；第二种是通过贷款利率调整以及存款利率调整来改变市场的资金成本，影响投资者的投资决策；第三种则是通过银行间市场，调控银行从他行或央行间借贷的资金成本，进而影响到银行的借贷行为。这三种操作模式不断结合和转换，消除了过于依赖单一操作模式可能带来的系统风险。

在中国，主导性的货币政策操作模式是公开市场操作和利率调整，其中公开市场操作主要包括发行央行票据、央行回购以及逆回购等操作，而利率调整则是调整贷款利率，使资金成本发生变化。公开市场操作作为满足流动性需求的直接手段，其会直接影响金融市场的资金供求，进一步影响市场利率的变动。而市场利率又直接影响着高科技上市公司的投资决策。

企业的投资决策受到资金成本因素的影响。无论是公开市场操作还是利率调整，其目的都是在一定程度上改变市场的资金供给情况，影响资金的成本，进而影响企业的投资决策。例如，当市场利率上升时，借款成本提高，企业投资的机会成本也会提高，这会降低企业的投资意愿；反之，当市场利率下降时，借款成本降低，可能会提高企业的投资意愿。货币政策操作模式的改变致使市场利率等因素发生变动，从而影响企业的投资决策。

至于高科技上市公司，由于其需要大量的创新投入，因此，管理层的投资

决策更多地依赖于高科技公司自身的经营环境、市场预期、技术状况以及货币政策环境等因素。其中，货币政策环境的改变会直接影响到高科技公司的资金成本，并将此因素纳入公司的投资决策。因此，货币政策的操作模式对高科技上市公司的投资决策影响显著。

然而，这一影响并不是简单的一种因果关系，而是受到许多因素共同影响的结果，这些因素既包括高科技公司自身的特点，如技术状况、竞争状况等，也包括环境因素，如市场预期、行业环境等。这些因素之间相互影响，共同决定了高科技上市公司投资决策的变化趋势。

但需要注意的是，虽然货币政策操作模式对高科技上市公司的投资决策有重要影响，但并不等同于它是唯一的影响因素。还需要结合具体的实际情况，全面考虑各种可能影响投资决策的因素，才可以更准确地判断和把握高科技上市公司的投资决策。

在未来，随着金融市场的进一步深化和拓展，货币政策操作模式将越来越复杂，其对企业投资决策的影响也将更加多元和深远。对于高科技上市公司来说，如何在这种环境下作出正确的投资决策，将是一个需要长期关注和研究的重要课题。

第二节　高科技上市公司投资决策的影响因素分析

一、高科技公司业务特性与投资决策

高科技公司在发展过程中，业务特性对投资决策起着重要的作用。由于高科技公司的独特性，它的投资决策方式与其他类型企业大不相同。具体来说，高科技公司的业务特性主要包括以下几个方面：高技术含量、市场环境变化快、业务模式新颖、投资风险大、发展前景广等。这些特性直接或间接地影响着该类公司的投资决策。

首要的特性便是高科技含量。这是高科技公司与传统公司的主要区别，也是高科技公司顺利运营和发展的保障。高科技含量意味着公司拥有独特的技术优势，能够在竞争激烈的市场环境中脱颖而出。因此，这类公司在投资时会优先考虑是否能够提升自身的科技含量，是否利于研发新技术，是否有助于完善自身的技术路线图。

依托高科技，高科技公司面临的市场环境变化异常迅速，技术更新换代频繁，需要持续投入资金进行研发，以保持技术领先的优势。在资本投资决策时，必须充分考虑市场的变化和技术的更新速度，预留足够的研发资金，以保证公司在竞争中的领先地位。

再者，高科技公司一般采用新颖的业务模式，以适应其独特的运营需求。业务模式的创新性和灵活性，能让公司在变化多端的市场环境中应对自如，从而在决策时减少了风险。当然，新颖的业务模式也带来了投资风险，公司在投资方面需要谨慎决策，做好风险评估和管控。

此外，高科技公司大多发展前景广阔，但投资风险同样较高。在决策投资时，除了要考虑项目的短期回报，还需要考虑是否有利于公司的长期发展，并进行合理的风险评估。

投资决策是高科技公司发展过程中的重要环节，它将直接影响公司的生存与发展。在高科技公司的投资决策中，业务特性起着决定性的作用。这种特性不仅定义了公司的运营模式，而且形塑了公司的投资策略。此外，业务特性还在一定程度上影响了公司的风险承受能力和利润回报。

但是，影响高科技公司投资决策的，并非仅有业务特性一项，还需考虑资本市场动态、行业环境、国家政策等多个因素。因此，在实际的投资决策过程中，高科技公司需要全面考虑各种因素，综合评估，制定出最符合自身利益的投资策略。

二、宏观经济环境与高科技公司的投资策略

宏观经济环境对高科技上市公司的投资策略有着重要影响。投资策略的制定不仅要考虑自身的营运和财务状况，更需要综合考虑宏观经济环境的影响。这显然是因为公司的发展离不开宏观经济环境的影响，然而，这种关系并非线性，

而是充满了复杂性和相互依赖性。

宏观经济环境是指影响一个国家或地区经济活动的总体经济条件，它包括经济增长、通货膨胀、利率、就业等多方面内容。从经济增长角度看，经济繁荣意味着消费者购买力的增强和市场需求的增加，这对高科技上市公司来说是有利的，它可能倾向于加大投资，执行更积极的投资策略。反之，经济衰退可能会导致消费者购买力弱化和市场需求降低，这时高科技上市公司可能会谨慎投资，采取更为保守的投资策略。

通货膨胀也同样会影响高科技上市公司的投资决策。通货膨胀使得货币价值降低，投资的产品或者服务的价格提升。在这种环境下，投资的相对成本上升，会对高科技公司的投资策略造成一定限制。然而，一些产品有着强劲的抵抗通胀的能力，这正是高科技公司擅长的领域。因此，通货膨胀能够被看作一个促使高科技公司进行战略布局、提高创新能力以应对价格上涨风险的外部因素。

再看利率，利率的高低会影响公司的融资成本。理论上，当市场利率较低时，为了获取更高的收益，公司更可能采取高风险的投资策略；而当市场利率较高时，高科技上市公司为了获得稳定的收益，可能会选择相对稳妥的投资。然而实际中，利率只是影响投资策略的众多因素之一，公司还需考虑行业特性、公司业务模式、公司内部状况等因素。

此外，就业情况也会影响高科技上市公司的投资策略。充足的就业机会能吸引更多的优秀人才为公司服务，这将有力地推动公司的研发和创新，使公司可能得以采取更为积极的投资策略。

总的来说，宏观经济环境对高科技上市公司的投资策略产生了深远影响。随着经济环境的变动，高科技上市公司需要及时调整投资策略以应对挑战。因此，高科技公司需要密切关注宏观经济环境的变化，运用有针对性的投资策略去应对或预测宏观环境的变动。在不确定的经济环境下，更需要高科技公司保持创新能力，并兼顾风险和收益，以实现公司的持续稳健发展。

三、货币政策微观影响因素与高科技公司投资决策

货币政策微观影响因素与高科技公司投资决策之间存在着密切的联系。货

币政策作为微观经济环境的重要组成部分，深刻影响着高科技企业的投资决策。

货币政策的发展和调整，是国家层面对经济运行的一种宏观调控手段。它直接影响着社会的货币供应量，以及资本市场的利率水平，对企业投资、经济增长等作用明显。对于企业而言，特别是对于首次公开发行股票的高科技企业来说，在进行投资决策时，首先要考虑的就是金融环境因素，即货币政策的影响。货币政策通过影响企业的资金成本和预期收益，从而影响投资决策。

举例来说，当央行实行紧缩货币政策，提高市场的利率水平时，企业的融资成本会上升，如果预期的投资收益不能覆盖增加的融资成本，那么企业可能会推迟或者取消投资计划。反之，央行实行宽松货币政策，降低市场利率水平时，企业的融资成本就会降低，如果预期的投资收益能够覆盖现在的融资成本，那么企业可能会增加投资。

另外，货币政策也会影响企业的资本结构决策。货币政策环境下的利率变动，会改变债权融资和权益融资的相对成本。对于高科技企业来说，由于其具有较高的风险和不确定性，债权融资的成本往往较高。因此，货币政策的宽松或紧缩会导致企业在选取融资方式上产生变化，从而影响其投资决策。

此外，对于高科技企业来说，科技创新投资是其持续发展的核心动力。货币政策通过影响融资成本和市场预期，进而间接影响企业的科技创新投资决策。例如，宽松的货币政策可以使得企业更容易获得资金，进而增加科技投资，推动科技创新；反之，则可能造成科技创新投资的减少。

总的来看，无论是对企业的融资成本、资本结构，还是对企业的科技创新投资决策，货币政策都有重要影响。因此，高科技上市公司在制定投资决策时，不仅要关注自身的经营状况、市场需求、技术发展趋势等因素，还要深入了解和分析货币政策的动态变化及其可能带来的影响，以更好地适应市场环境，实现自身的发展目标。

四、企业内部资源配置与投资决策

企业内部资源配置与投资决策是高科技上市公司的重要议题之一。其重心在于如何有效地管理和利用内部资源，包括人力资源、财务资源、物质资源、信息资源等，以推动公司的持续发展并对投资决策产生积极的影响。

首当其冲的是，企业内部资源配置的目标不仅仅是追求资源的利用效率，同时也努力实现企业的发展战略和投资目标。对资源的管理和配置，应该以企业转型升级和创新发展为导向，以达到最优的投资决策效果。换句话说，良好的企业内部资源配置是推动长期投资决策和实现企业目标的必要条件。

接着，公司对于内部资源的优化配置，可以提高企业的核心竞争力。公司投资决策的有效性和效率在很大程度上取决于资源的配置方式。当公司能够以最低的成本获得最大的投资回报，即是资源配置的最优状态。反之，如果公司的资源配置不合理，可能导致投资效率低下，降低了公司的短期发展速度和长期竞争力。

值得一提的是，企业内部资源配置与投资决策的关系是双向的。一方面，企业内部资源配置情况会影响投资决策的效果；另一方面，投资决策的战略方向又会反过来影响到企业对内部资源的配置。理性和前瞻性的投资决策，有助于企业更准确地进行资源配置，以实现更好的投资回报。反过来，优化的内部资源配置又能助力企业进行更深思熟虑的投资决策。

然而，企业内部资源配置并不是一蹴而就的过程，其需要公司进行持续的调整和优化。加之，资源配置的决策过程中必然会涉及多个部门、多种资源、多项决策，可能会遇到不少的冲突和矛盾。因此，如何在复杂的内部环境中进行有效的资源配置，以使投资决策达到最佳效果，成为许多高科技上市公司所必须面临和解决的问题。

企业内部资源配置与投资决策的关联性在于，理想的资源配置能最大化投资收益，减小投资风险，并支持企业发展战略的实现。因此，高科技上市公司需谨慎构思其资源配置策略，寻找最佳平衡，充分发挥资源优势，以在保持竞争力的同时，实现高效、持续的投资决策。

对于高科技上市公司来说，企业内部资源配置是推动公司持续发展的重要手段，也是影响投资决策的重要因素。公司应当从自身的市场定位、发展战略出发，科学地、合理地进行资源配置，以提高投资决策的质量和效果，实现公司发展的长远目标。

五、投资环境与高科技公司投资策略

投资环境是决定高科技上市公司投资策略的关键因素之一。投资环境包括宏观经济环境、市场环境、行业环境以及公司内部环境等多个层面。亚健康的投资环境可能导致高科技上市公司的投资决策有所保守，强健的投资环境则可能鼓励高科技上市公司进行更大胆的投资以实现更快的成长。

宏观经济环境是投资环境的重要组成部分，它包括货币政策、财政政策、产业政策等多个要素。对高科技公司而言，良好的宏观经济环境可以降低投资的风险，提高投资的回报期待。以货币政策为例，宽松的货币政策通常会降低企业的融资成本，而严格的货币政策则可能会增加企业的融资压力。因此，货币政策的变动对高科技上市公司的投资决策具有重大影响。

市场环境是高科技上市公司制定投资策略时需要充分考虑的另一因素，包括市场规模、市场成长性、市场竞争情况等方面。例如，对在新兴市场运营的高科技公司来说，市场的快速成长可能会激励公司进行大规模的扩张投资。相反，如果市场渐趋成熟、竞争加剧，公司可能会更注重研发投资，以求通过创新获得竞争优势。

行业环境对公司的投资策略影响也不容忽视。行业技术发展速度、行业利润水平、行业监管政策都可能对高科技上市公司的投资策略产生重大影响。在技术快速发展的行业，公司需要加大研发投资以保持竞争力。然而，如果面临严格的监管政策，投资决策可能需要更谨慎。

最后，企业内部环境也是影响投资策略的重要因素。如企业的资金实力、技术实力、人才储备、管理团队等。例如，资金充裕的企业具有更大的投资能力，能承受较大的风险，因此其投资策略可能会更倾向于大胆冒险；而技术力量较弱的企业可能会更侧重于通过并购等方式提升自身的技术实力。

总的来看，投资环境的多种因素与高科技公司的投资策略息息相关。高科技上市公司在作出投资决策时，需要全面、深入地评估投资环境及其可能带来的影响，制定出最适合自身特点的投资策略。同时，对投资环境的识别和预判，以及对环境变化对投资策略影响的敏锐洞察，也是高科技上市公司决策者应具备的重要能力。

六、技术创新情况对高科技公司投资决策的影响

技术创新是推动高科技上市公司进步的关键力量，同时也是这些公司投资决策的重要影响因素。一个成熟的技术创新环境，不仅能激发更多优秀的创新思想，也能有效地提升公司的竞争优势，从而在投资决策中更具谋略性。

技术创新情况通常包括两个方面：首先是创新能力，即公司是否有持续进行新技术开发的能力和经验；其次是创新环境，包括技术人才、研发经费、知识产权保护等外部和内部因素。对于高科技上市公司而言，创新能力直接关系到其产品和服务的质量及独特性，这是公司发展的核心竞争力，也是投资决策的重要考量因素。此外，良好的创新环境能为公司提供必要的创新资源和保障，以支持其新产品开发和技术改进，进而帮助公司获得竞争优势。

技术创新情况影响高科技上市公司投资决策的具体途径主要表现在前期项目筛选、投资方案制定以及投资实施监控三个方面。

在前期项目筛选阶段，投资决策需要考虑的影响因素主要有技术领域的发展趋势、项目自身的商业潜力和项目与公司当前技术发展阶段的匹配程度等。对于高科技上市公司而言，技术创新情况无疑是这些影响因素中的核心。成熟的技术创新环境会引导公司选择有望实现技术领域突破的项目，而对新技术开发有着丰富经验的公司则更有可能精准判断项目的商业潜力。

在制定投资方案阶段，技术创新情况更是决定投资方案是否具备可行性的重要条件。公司需要根据自身的技术创新能力和环境，搭配多元化投资组合，避免将所有投资集中在单一技术领域。

在投资实施监控阶段，技术创新情况同样扮演着重要角色。投资决策部门需要关注项目过程中的科技进步情况，以及该进步对于项目预期收益的影响。

总的来看，技术创新情况对高科技上市公司投资决策的影响是全方位的，它在投资决策的所有阶段中都扮演着重要角色，强化了公司投资决策的科技属性和让投资决策更具有针对性，也使得投资决策更有可能实现最优决策。在未来的发展过程中，随着科技创新活动的日益活跃，技术创新对投资决策的影响也将进一步提升。对于任何一家高科技上市公司而言，正确面对和利用这一影响无疑是其投资决策取得成功的关键。

七、市场竞争状况对高科技公司投资决策的影响

市场竞争状况对高科技公司投资决策的影响，是一个重要的话题，因为这两个因素之间的相互作用，对于公司的发展和整个经济的稳定性都有深远的影响。

市场竞争状况是一个综合反映市场经济运作的重要指标，与公司的投资决策密切相关。从微观层面观察，市场竞争状况不仅可以影响公司的投资决策，还可以直接影响公司的经营成绩和发展方向。在竞争激烈的市场环境中，公司需要定期审视自己的竞争力，在确保其核心盈利模式的同时，密切关注市场动态，以适应不断变化的市场环境，作出适应市场变化的投资决策。

另外，高科技公司面临的市场环境通常变化较快，同时业务也相对复杂，其投资决策的影响因素更为复杂多元。在这种情况下，市场竞争状况与投资决策的相关性表现得尤为显著。尤其在一些技术快速更新、产品生命周期短的行业中，市场竞争状况的变化可能会对公司的投资决策产生重大影响。

竞争激烈的市场环境下，高科技公司在降低投资风险、提高投资决策质量方面面临巨大压力。为了在激烈的市场竞争中求得生存和发展，高科技公司必须实践高效投资决策，做到以最小的投资获取最大的投资回报，这需要对市场前景有深入的了解，并能准确预测市场的发展趋势。

此外，市场竞争状况的变动，对于高科技公司的发展战略，特别是投资决策来说，迫使它们必须加强研发投入，实施创新驱动战略，用以强化己方的竞争力，保障公司的可持续发展。这就要求公司管理层拥有丰富的经验和敏锐的市场洞察力，能够审时度势，公司在面临市场竞争压力的时候，仍然能够作出正确的投资决策。

因此，可以看出，市场竞争状况与高科技公司的投资决策有着紧密的关联，它影响着公司未来的发展方向和投资策略。这使得公司需要在改善自身竞争力的同时，关注市场动态，优化投资决策，以适应不断变化的市场环境，包括在投资体系、投资规模、投资方向和投资语境等方面作出科学的决策，这对于高科技公司的发展和整个经济的稳定性有着极其重要的影响。总之，市场竞争状况对于高科技公司的投资决策具有重大影响，理解和把握这种影响有助于高科技公司作出

合理有效的投资决策。

八、高科技公司管理团队决策风格与投资策略

高科技公司的管理团队是公司投资决策的核心，其决策风格与投资策略对公司的未来发展方向有着直接影响。围绕这个主题，本部分将详细探讨这些影响因素如何与货币政策相互作用以决定上市公司的投资行为。

高科技公司的管理团队拥有专门的行业知识和独特的经营理念，他们把握公司的经营策略并且对外部市场环境有敏锐的洞察力以适应变化。管理团队对于公司投资决策的影响力主要体现在两个方面：一方面是决策风格，另一方面是投资策略的选择。

决策风格是一种持久的、稳定的决策倾向和习惯，这种特性能够在一定程度上决定高科技公司对于货币政策变化的反应。例如，一些管理团队可能更倾向于积极取向的决策风格，当面临货币政策紧缩时，他们仍然保持积极投资的决策态度，认为这是寻找投资机会的好时机。反之，一些消极或保守的管理团队在遇到同样的市场环境时，可能会采取更为谨慎的策略，减少投资，以保护公司资产。

同时，管理团队的投资策略也是一个重要的考虑因素。不同的投资策略会对货币政策的反应产生不同的影响。例如，一种投资策略可能是"避险"，在这种策略中，公司倾向于在经济形势不确定的时候采取保守策略，减少投资。另一种可能的策略是追求高收益，即使在经济下行时期也要扩大投资，以期在经济形势好转时获得更大的回报。

货币政策，特别是利率政策对于高科技上市公司的投资决策产生重要影响。因为利率的变动直接影响公司负债的成本，影响投资的回报预期。根据公司决策风格和投资策略的不同，公司对于货币政策的反应也会不同。

因此，可以看出，高科技公司的管理团队决策风格与投资策略在与货币政策相互作用的过程中，对公司的投资决策产生了显著影响。具有不同决策风格和投资策略的管理团队在面对货币政策变动时，会作出不同的决策，这也反映了高科技公司在投资决策过程中的灵活性和策略多样性。

了解管理团队的决策风格和投资策略如何影响公司的投资决策，不仅对于公司自身的战略决策非常重要，同时对于政策制定者理解和预测上市公司的反应也具有重要意义。在未来的探究中，还需进一步深化对高科技上市公司管理团队如何影响投资决策的理解，以对高科技公司在复杂经济环境下的投资行为有更准确的预期。

第三节　货币政策对高科技上市公司投资决策的影响机制

一、货币政策调整的影响因素及其传导路径

货币政策调整是金融市场中的重要举措，对高科技上市公司投资决策产生直接影响。首先需要探究的是，货币政策调整的影响因素有哪些。这些因素从大的层面上来看，可以分为几类：宏观经济因素、市场环境因素和公司自身情况因素。

宏观经济因素主要包括经济增长速度、通货膨胀率、利率水平、国际经济环境、外汇市场等。当经济增长乏力，通货膨胀严重时，央行可能采取紧缩性货币政策，以稳定物价、控制通货膨胀。同时，国际经济环境和外汇市场状况也会影响央行货币政策的制定和调整。

市场环境因素包括股市情况、债市情况、经济周期、实物资产状况等。例如，在经济周期的不同阶段，货币政策的调整也有所不同。在经济扩张期，央行可能会采取紧缩性货币政策，以防止过度投资和经济过热；而在经济衰退期，央行可能会采取宽松性货币政策，以刺激消费和投资，促进经济复苏。

公司自身情况因素主要包括公司的财务状况、运营状况、战略布局、资本结构等。在货币政策调整下，公司的决策制定者需要结合公司自身的情况，作出适应性的投资决策。

接下来，将探讨货币政策调整的传导路径。首先，货币政策的调整会使得

金融市场上的利率水平发生改变。这个改变将会对企业投资决策产生影响，因为公司负债的成本、融资的难易程度和投资的回报率都与利率紧密相关。例如，利率上升可能会使得投资回报率下降，导致公司减少投资。

其次，货币政策的调整不仅会通过货币市场来影响企业的投资，还会通过其他金融市场，如股市、债市、外汇市场等，间接影响到企业的投资决策。例如，货币政策的调整可能会导致股市价格的波动，进而影响到公司股票的发行和回购等决策。

最后，企业自身的财务状况和运营状况也是货币政策传导的重要路径。货币政策的调整可能会改变企业的运营成本和融资成本，进而影响到企业的投资决策。因此，企业的决策者需要根据货币政策的变动，适时调整自身的投资策略，以应对可能的风险和机遇。

综上所述，货币政策调整对高科技上市公司投资决策的影响是复杂的，它既包括直接影响，也包括间接影响；既由积极因素引起，也由消极因素引发。只有深入理解这其中的影响因素以及它们的传导路径，才能掌握货币政策变动对高科技上市公司投资决策影响的全貌，从而指导和辅助企业作出科学、稳健的投资决策。

二、货币政策变动与高科技上市公司投资决策的关系

货币政策变动与高科技上市公司投资决策的关系是一个重要的经济命题，其内涵深厚，讨论宽广。在货币政策与经济活动的交互过程中，投资决策占据了核心地位。特别是对于高科技上市公司，由于其行业特性和经营环境，需要对货币政策变动有敏感的反应和高效的决策，这就使得理解货币政策变动和高科技上市公司投资决策的关系尤为重要。

从宏观角度看，货币政策是影响国家经济状况的重要工具，其主要目标是调控通货膨胀、促进经济增长以及维护货币价值的稳定等。货币政策的收紧或者宽松，会改变企业的融资成本和投资回报预期，进而影响其投资决策。例如，当流动性紧缩，信贷条件恶化时，企业会减少投资，反之亦然。与此同时，货币政策对市场信心的影响也会改变投资决策，当市场预期未来货币政策收紧时，可能

导致企业预期未来经济环境恶化，进而影响其投资决策。换句话说，货币政策的变动在很大程度上是塑造了企业投资环境和投资风险的重要因素。

对于高科技上市公司而言，货币政策变动对其投资决策的影响尤为显著。由于高科技公司的投资回报期更长、不确定性更大，这使得货币政策的影响在这些公司中具有更高的敏感度。一个调控良好的稳健的货币政策环境，将为其长期发展提供稳定的预期，利于其作出冒险但可能带来高回报的投资决策。反之，不稳健的货币政策会使得企业对未来的预期不确定，可能导致其决策更保守，影响长期创新能力的培养。

货币政策的变动，尤其是利率政策的调整，对高科技上市公司的融资决策产生重要影响。利率是企业融资成本的体现，低利率环境有利于企业借款投资，尤其是高科技企业，它们需要大量的研发投资，而这些投资长期回报不明确。只有在低利率的环境中，企业才可能有足够的勇气投入大量的研发经费。反之，当利率较高时，企业融资的成本增加，可能导致企业减少投资。

综上所述，货币政策变动与高科技上市公司投资决策的关系密切。货币政策环境的稳定性和预见性对高科技上市公司投资决策至关重要。反之，高科技上市公司的投资决策又会对货币政策的实施效果产生影响，形成一个相互作用、相互影响的经济系统。因此，既要关注货币政策的调控效应，也要关注其对实体经济，特别是对高科技企业投资决策的影响，这对宏观经济管理有着重要的现实意义。

三、货币政策宽松与高科技上市公司投资增加的关系探讨

货币政策宽松与高科技上市公司投资增加的关系是一个值得深入探讨的主题。本部分将详细阐述该问题的相关理论、实证研究以及理论对实际的启示，旨在深入阐述货币政策的宽松与高科技上市公司投资增加的内在联系。

首先来理解一个基本概念 —— 货币政策的宽松。一般而言，货币政策的宽松主要指中央银行采取措施，使市场上的货币供应增加，再贷款利率下降，以刺激经济的发展。具体来说，中央银行通过购买政府债券、降低再贷款利率、降低

存款准备金率等手段，增加市场上的流动性，降低企业的融资成本，刺激企业投资。

高科技上市公司作为国家经济发展的重要引擎，其投资决策受到多方因素的影响，其中货币政策的影响尤为关键。从理论上来说，货币政策的宽松会降低企业的融资成本，增加企业的投资。因为在货币政策宽松的环境下，企业的贷款利率下降，企业可以以更低的成本获取资金，这对于资本密集型的高科技公司来说，是一个极好的投资环境。同时，货币政策的宽松也会使市场上的流动性增加，这使得企业更容易通过发行股票、债券等方式融资，进一步降低了企业的融资成本，刺激企业投资。

实证研究也支持了这一理论。一些研究发现，货币政策的宽松在一定程度上推动了高科技上市公司的投资。例如，某些研究发现，在美联储降息后，美国的高科技企业投资明显增加；同时，研究也发现，在中国人民银行降息后，中国的高科技上市公司投资也呈现出增加的态势。

然而，值得注意的是，货币政策宽松并不能保证高科技上市公司的投资一定会增加。这与公司的具体情况，如经营情况、行业情况、市场预期等因素有关。另外，货币政策宽松也可能引发资产泡沫，增加经济波动的风险，这也可能影响到企业的投资决策。因此，对于公司来说，需要根据自身情况慎重判断和权衡。

从上述分析可以看出，货币政策的宽松可能会刺激高科技上市公司的投资，但是，这并不是绝对的，也有可能引发一些负面效应。因此，对于政策制定者来说，需要综合考虑经济环境、企业情况等多方面因素，在尽可能发挥货币政策的正面效应的同时，避免或者降低其可能带来的负面影响。对于企业来说，也需要综合考虑货币政策环境、自身经营状况、市场预期等因素，作出最佳的投资决策。

四、货币政策紧缩对高科技上市公司投资缩减的影响机制分析

在货币政策紧缩对高科技上市公司投资缩减的影响机制分析中，首先需要

理解货币政策的概念，认识其对企业投资的显著影响，以及货币政策紧缩对高科技上市公司具有怎样的影响。

货币政策是指由国家的中央银行通过控制货币供应量、利率水平以及信用条件来影响经济活动的一系列政策。颁布并执行货币政策，是为了达到稳定物价、促进经济增长、维护外汇储备等多种目标。在这个过程中，中国的中央银行——中国人民银行通过控制基准利率、公开市场操作、存款准备金率以及再贴现政策等手段来实现上述目标。

货币政策紧缩是货币政策的一种方式，主要目的是减少市场的货币供应量，提高利息率，以此来防止通货膨胀和控制经济过度繁荣。货币政策的紧缩会引起资金成本的上升，增加企业的财务压力，从而导致投资决策的调整，减少投资。

那么，为何特别关注高科技上市公司呢？主要因为这些企业的发展对技术进步和经济增长的贡献不能被忽视，同时它们的投资决策更容易受到货币政策变动的影响。一方面，高科技上市公司面临着相对较大的研发投入和技术风险，需要大量的长期投资，货币政策紧缩会导致利率上升、融资成本增加，直接影响企业的投资决策。另一方面，此类公司在市场中的竞争地位、盈利能力、信用等级等因素都可能影响其对货币政策变动的敏感程度，从而助推企业调整投资决策。

对此，通过收集并分析相关数据，有可能发现货币政策紧缩与高科技上市公司投资缩减之间存在密切的关系。这一关系可能具有路径依赖性，即一旦货币政策转向紧缩，企业在短期内难以改变已经调整下来的投资决策，导致投资持续减少。这种现象在高科技上市公司中可能更为明显，因为这些公司的投资往往需要长期的策划和布局，对货币政策变动的敏感度较高。

分析货币政策短期内对上市公司投资的影响，可以帮助企业和政策制定者更好地理解和应对可能出现的问题。对企业而言，理解货币政策对其投资决策的影响，可以使其更好地调整策略，以尽可能降低融资成本和投资风险。对于政策制定者来说，理解政策变动可能带来的影响，可以使其更加清晰和准确地掌握经济运行的变化趋势，以作出更有利于经济稳定和发展的决策。

总结来说，货币政策紧缩会导致资金成本增加，投资环境变差，从而影响高科技上市公司的投资决策。在实际工作中，高科技上市公司和政策制定者需要高度重视，并采取相应的应对措施，以稳定企业投资，促进高科技产业的健康发展。

五、高科技上市公司对货币政策变动的反应与战略调整

在对货币政策变动与高科技上市公司投资决策关系的考察中，需要深度关注高科技上市公司对货币政策变动的反应及其战略调整。这个议题非常关键，因为它决定了公司在面对潜伏的风险和选择的机会时，能否通过有效的投资决策，在商业环境中驾驭风浪，抵御风险，获得盈利。

首要的一点，高科技上市公司要理解的是，货币政策是国家为调控经济运行，保持经济稳定，并实现其他宏观经济目标，而对货币供应和利率等进行调控的政策。它直接或间接地影响着企业的投资成本、资金成本、贷款利率、存款利息等，进而影响公司的投资决策。在货币政策的宏观影响下，上市公司需要时刻关注可能产生的变动，作出适时的战略调整。

在理论上，货币政策的变动复杂微妙，包括宽松政策和紧缩政策，在宏观经济形势的影响之下，也会有前瞻性调整。企业需要对这方面有深入理解才能随之灵敏地作出响应和调整。以降息为例，降息政策都会降低企业融资的成本使得投资变得更有吸引力。而鉴于此，企业可能会增加投资或者扩大生产规模，或是寻求更多的投资机会。当利率上升时，企业投资的成本会提高，此时企业可能需要减少投资，或者更加慎重地对待投资决策。

除了对货币政策本身的理解，对市场环境的敏锐把握也至关重要。只有将货币政策变动融入市场环境分析中，企业才能作出恰当的战略调整。例如，在紧缩性货币政策下，资金成本上升，市场竞争加剧，企业在投资决策中就需要审慎考量，适当维持或减少投资，并关注流动性风险，以保持企业运营的灵活性和稳定性。

对于高科技上市公司来说，由于其自身的研发投入大，技术更新迅速，市场竞争压力大，面临的投资风险更大。因此，面对货币政策变动，高科技上市公司需要有更深入的理解，更流畅的策略调整，以确保自身长期的发展与盈利。

此外，高科技上市公司在应对货币政策变动的同时，也不能忽视内部的运

营优化和结构调整。为了应对货币政策变动可能带来的风险，公司可能需要对其产品线进行调整，优化研发投入，提升内部效率。

综上，对货币政策变动的反应与战略调整，不仅仅需要对货币政策有一定程度的理解，还需要结合市场环境和自身战略进行应对。这既考验了高科技上市公司对宏观经济的把握能力，也考验了其内部运营和投资决策的水平。

六、货币政策预期与高科技上市公司投资决策的影响关系探析

货币政策预期在高科技上市公司的投资决策中扮演着非常重要的角色。货币政策预期包括政策的稳定性、未来的走向，以及政策的执行效力等，可以影响企业对经济环境的判断，以及其投资行为的结构和规模。

货币政策预期通常通过中央银行的公开声明、政策指导、委员会会议记录等手段传递。高科技上市公司会对接收到的各类货币政策的信息进行综合分析和判断，形成对未来物价变动、经济成长或衰退、汇率波动等经济环境因素的预测，并根据预测结果对投资决策进行调整，比如调整投资的规模和时间、投资的优先级和权重等。预期的形成会影响高科技上市公司的利润和风险预期，带动公司进行调整投资。

实证研究表明，货币政策预期对高科技上市公司投资决策有显著影响。一方面，货币政策的预期变化会影响公司的期望收益，进而影响其投资行为。如果高科技上市公司预期未来将有宽松的货币政策，往往会带动比较大的投资规模与扩张策略。反之，对未来紧缩的货币政策的预期，可能会使公司采用更加审慎和保守的投资策略。另一方面，货币政策预期也会对公司的投资成本产生影响。如预期未来货币政策将导致资产价格上升或者市场利率升高，可能会减少公司的投资意愿；反之，利率降低或者资产价格下降会提高公司的投资意愿。

在制定投资决策时，高科技上市公司不仅依赖于现有的货币政策，更关注的是货币政策的预期。然而，由于预期的形成复杂并存在着许多不确定性，对货币政策预期的正确理解和判断就显得尤为重要。企业应综合考虑宏观政策环境、利率环境、内部资金状况和行业发展趋势等多方面因素，充分利用货币政策预

期，以期求得投资回报最大化。

在实际操作中，高科技上市公司还需要注意预期决策的时序性。货币政策预期的变化没有明确的起点和终点，而是一种连续不断的过程。高科技上市公司需要随时关注货币政策预期的变化，及时调整自己的投资决策，以适应不断变化的经济环境。

未来，随着信息化和大数据技术的进步，货币政策预期将更加精准，预期的信息传递和使用效率都将得到显著提高。对于高科技上市公司而言，如何科学利用货币政策预期，优化投资决策，提高企业盈利，将是未来一项重要的技术和管理挑战。

以上是对"货币政策预期与高科技上市公司投资决策的影响关系探析"的阐述，其中详细揭示了货币政策预期形成的机制，以及其对高科技上市公司投资决策的具体影响。希望通过这些研究，能够更深一步理解货币政策预期和高科技上市公司投资决策之间的关系，为高科技上市公司的决策提供理论指导。

七、货币政策与高科技上市公司投资项目选择的关系研究

货币政策作为宏观经济政策的重要手段，其调控实力对整体经济环境的变化有着不可或缺的作用，直接或间接地影响到公司的运营决策，尤其是对于高科技上市公司的投资项目选择。本部分将详细探讨货币政策与高科技上市公司投资项目选择的关系，揭示货币政策在影响高科技上市公司投资选择方面的作用以及其机制。

在谈论货币政策与高科技上市公司投资项目选择的关系前，首先需要明确以下概念。货币政策包含货币供应与需求的调控、利率调整和外汇管理等各方面。对于上市公司而言，一个重要的决策问题就是投资选择。投资项目选择在某种程度上决定了公司的运营航向以及未来的收益，是公司决策的重大环节。高科技上市公司由于其技术创新、研发投入、经营风险等特性，对于货币政策的敏感性和反应方式可能与其他类型的公司有所不同。

货币政策与高科技上市公司投资项目选择的关系，体现在两个层面。一是货币政策对高科技上市公司的融资环境影响；二是货币政策对于高科技行业的宏

观经济环境影响。

对于第一个层面，货币政策的调整可以影响市场的资金供应情况和资金成本。在宽松的货币政策条件下，市场的信贷条件相对宽松，企业获取资本的难度相对降低，这将刺激公司更加积极地进行投资。因此，货币政策的宽松或者紧缩，都可能影响到公司的投资决策，进而影响到投资项目的选择。

对于第二个层面，货币政策对于宏观经济环境的调控效力也会影响高科技上市公司的投资决策。如经济周期的变动情况与货币政策的宽松程度有着密切关系，这将影响高科技公司对于未来收益的预期，进而影响投资动机和项目选择。

研究发现，在适当的货币政策环境下，高科技上市公司更加倾向于高风险、高回报的投资项目，因为在良好的货币环境下，公司可以获得充足的融资支持，使得公司能够承担更大的风险，实现更高的回报。但是，当货币政策过于紧缩时，由于融资难度增加，上市公司可能会采取保守的投资策略，选择风险较低的项目。

货币政策预期变动也是一个重要的影响因素。当市场预期货币政策由宽松转向紧缩或者由紧缩转向宽松时，高科技上市公司可能会调整其投资项目的选择。当预期未来货币政策将紧缩时，上市公司可能会提前进行投资，避免因为未来资金成本上升而影响投资效益。

在实证研究层面，也可通过建立投资选择模型，完整整理和比较货币政策变动与高科技上市公司投资项目选择之间的关联性。通过货币政策变动的宏观因素，以及公司自身的微观因素，结合经济环境，分析其间的联系和影响机制，从而更准确地把握货币政策对高科技上市公司投资项目选择的影响。

总的来说，货币政策对高科技上市公司投资项目选择产生了显著影响。理解这种影响对于上市公司制定投资决策以及政策制定者制定货币政策都具有重要的理论和实践意义。只有清晰了解这种关系，才能更好地把握宏观经济政策的制定方向和企业运营决策，实现既符合企业发展要求，又符合国家经济政策调控的最优选择。

八、货币政策对高科技上市公司研发投入和创新决策的影响

货币政策对高科技上市公司研发投入和创新决策的影响，从广义上来说，

可以理解为央行在经济紧张或者经济过于繁荣的时期通过调整一系列相关政策，进而影响到市场的资金成本，间接影响高科技上市公司对于研发投入与创新决策的考虑和抉择。

现代货币政策是一个复杂体系，涉及的术语包括存款准备金需求、央行利率、公开市场操作等。这个体系的目标通常是通过调整货币供应，控制通货膨胀，刺激经济增长，降低或稳定金融系统风险等。在这个过程中，研发投入和创新决策无疑是一个需要关注的点。

在理论上，货币政策的宽松，可以降低企业的资金成本，刺激经济活动。企业在资金成本下降时，能够得到更多的资金，也更有动力投入研发中去。反之，货币政策紧缩，则可能抑制企业的研发投入和创新决策，这是因为紧缩货币政策会增加资金成本，企业更愿意用这些资金做更保守的投资。

另外，货币政策对高科技上市公司的影响，还可以从信贷市场的角度来分析。容易获得的信贷对高科技上市公司的研发投入和创新决策是有利的，而严格的信贷政策则可能会抑制创新。因此，可以看出货币政策对高科技公司的研发投入和创新决策的影响，实际上更可能是间接的。

然而，这个观点并非没有争议。一些学者认为，经济周期中的货币政策对公司研发投入的影响可能并不大，主要是因为研发投入本身就是一个长期的过程，而货币政策更多的是影响短期的经济状况。尽管货币政策可能会影响到企业短期内的融资成本，但是企业在作出研发投入和创新决策的时候，通常会更加关注长期的投入回报，而不只是短期的资金成本。

实际上，不同的高科技公司根据自身的业务、产品、服务、市场状况，将会对货币政策的调整作出不同的反应。激烈的市场竞争可能会让那些先入为主、加大研发投入的公司在紧缩的经济环境中取得领先地位。反过来，如果市场竞争并不激烈，高科技公司可能会选择将更多的精力投入现有的产品优化和市场开拓上，而不是研发和创新。

因此，货币政策对高科技上市公司的研发投入和创新决策的影响，既可以从微观的角度，即个别公司的经营情况和市场状况来考虑，也可以从宏观的角度，即整个经济体系的状况和货币政策的调整来理解。无论从哪个角度来看，货币政策对高科技公司的影响都是一个值得深入研究的问题，需要结合理论和实证数据来进一步探讨。

九、货币政策对高科技上市公司融资决策的影响探析

本部分将深入探讨货币政策对高科技上市公司融资决策的影响。在讨论这一主题时，首先需要明确货币政策的定义及其作用。

货币政策是指由中央银行或货币当局通过控制货币供应量来实现一国或者一地区经济目标的经济政策。此类政策主要通过调整货币供应量来改变市场利率，影响资产价格，进一步影响实体经济活动，例如投资、消费、出口和进口等，以实现稳定物价、经济增长、就业等宏观经济目标。货币政策的调整，无论是通过增加或减少货币供应量，还是通过调整利率，都会对企业的经济活动造成影响。

特别对于高科技上市公司来说，融资决策是其运行及发展的重要环节，而货币政策则可能成为企业融资决策的重要考虑因素。货币政策的调整会影响到企业融资的成本，从而影响企业的投资决策。

首次展示这种影响是在市场利率降低时。降息能够通过降低企业借款的利息负担，帮助企业得到更便宜的融资资金，从而增加企业的投资活动。但是，若市场利率提高，企业的借款成本将增加，企业可能会被迫削减投资计划，降低企业生产和经营活动。

比如，一家专业从事芯片研发的高科技公司，为了进行新的研发项目，可能需要大量的资金投入。如果此时的货币政策是宽松的，市场利率低，企业更有可能通过借款的方式获得资金，活跃其投资行为。反之，如果货币政策是紧缩的，市场利率高，企业的融资成本也将增加。这会使得一些原本可行的投资项目在高借款成本的情况下变得难以为继，降低公司的投资积极性。

另外，货币政策对企业融资渠道的选择也有重要影响。在市场化经济条件下，企业融资主要有直接融资和间接融资两种方式，分别通过股权融资和债权融资获取资金。当市场利率降低时，企业债权融资成本减小，可能更偏向于债权融资；而当市场利率提高时，股权融资成本相对较低，企业可能更倾向于股权

融资。

此外，货币政策也能间接通过影响投资者预期进而影响企业融资决策。例如，预期货币政策宽松能刺激经济增长，提高股市行情，助推企业进行股权融资。反之，预期货币政策紧缩可能减缓经济增长，使得股市下滑，不利于企业股权融资。

综合上述观点，可以看到货币政策对高科技上市公司融资决策的影响是多方面的。货币政策的调整不仅直接影响融资决策的成本，间接影响融资决策的风险，也影响企业融资渠道的选择，进而影响企业的投资决策。在此背景下，高科技上市公司在制定融资决策时，除了考虑自身的业务需求、市场环境，也要考虑货币政策的影响，以作出最有利于其发展的决策。

货币政策变动与高科技上市公司投资决策的实证分析

第一节　实证分析方法、数据来源与模型构建

一、实证分析的基本原理和方法

实证分析是一种广泛用于社会科学研究的具有代表性的分析方法，旨在通过收集和分析数据来揭示实际情况。在研究货币政策变动对高科技上市公司投资决策影响这个特定主题时，实证分析是十分必要的。由实证分析的基本原理可知，这一方法的核心是实事求是，通过对事实的观察和研究，找出事物之间的根本性联系和规律性影响。

实证分析的基本原理有着深厚的哲学基础，是建立在自然主义的立场上，主张用经验主义的观察和实体主义的实证法则进行分析与研究。在这个基础上，实证分析的方法通常包括观察法、实验法、比较法、统计法和访谈法。

观察法就是借助适当的观察手段，对研究对象进行直接或间接观察，从而获取第一手的实证数据。实验法则是通过设定封闭的实验环境，对一种或者几种独立变量进行改变，以便观察其对依赖变量的影响。比如在自然科学领域采用实

验法来检测假设，验证理论，获得实证。比较法是通过比较不同对象或者同一对象在不同条件下的差异，来研究其联系和规律性。而统计法则利用大量数据和统计分析技术，从数据中找出客观事物的内在关系。访谈法是通过面对面的深入交谈，获取研究对象的主观感受和评价。

在对货币政策变动对高科技上市公司投资决策的实证分析中，数据来源和模型构建显得尤为关键。数据来源主要可以分为两类，一类是宏观经济数据，另一类是企业内部数据。宏观经济数据通常来源于政府公布的或权威机构发布的统计数据，包括货币政策的各项指标、经济增长数据等；企业内部数据主要包括公司的财务报告、投资决策报告等。

模型构建是实证分析不可或缺的一部分，它提供了一个理论框架，为实证分析提供了理论支撑和分析工具。在模型构建步骤中，研究者要根据研究问题提出合理的假设，确定研究变量，设计研究方案，选择合适的统计分析方法。

通过实证分析的基本原理和方法，能准确地揭示货币政策变动对高科技上市公司投资决策的真实影响，从而为公司提供条理清晰、准确无误、切实可行的决策依据，对公司未来的发展和国家的宏观经济政策制定均具有重要的理论和实践意义。同时，实证分析方法也对理解这个世界，探寻真理，发现事实提供了重要的思考方式和研究手段。

二、数据采集策略和质量控制

在进行货币政策变动与高科技上市公司投资决策关系的实证分析时，需要通过合理有效的手段获得相关的实证数据进行分析。数据采集策略是决定数据合理性、科学性、有效性的重要环节，决定着数据质量。

数据采集策略主要包括数据的来源选择、数据的获取方式以及数据采集的时间架构。数据的来源选择首先需要考虑数据的相关性以及数据的易得性。一般来讲，对于讨论货币政策变动影响高科技上市公司投资决策的主题，会选择货币政策相关数据和上市公司投资行为相关数据，这些数据一般来自官方统计数据、金融市场数据以及公司年报等。数据的获取方式则包含直接获取和间接获取两种，具体应根据数据的类型、数据量以及数据获取难度进行选择。数据采集的时间架构则需要根据研究的需求设置，一般而言，数据应尽量覆盖货币政策变动的全部历史时期，以保证分析的全面性。

数据质量控制是数据采集策略的重要环节，其目的在于确保获得的数据完整、准确，并能进行有效的统计分析。数据质量控制的主要方法包括数据清洗、数据转换、数据校验。数据清洗指的是数据的预处理工作，一般而言，原始数据中往往存在着各种错误，比如缺失值、重复值、异常值等，这些错误的存在会对后续的数据分析造成负面影响。数据转换则是根据研究需要，对数据进行必要的转变，比如将分类变量转变为虚拟变量等。数据校验则是在数据经过清洗与转换之后，对数据进行验真，以保证数据的真实性和有效性。

总的来看，数据采集策略和质量控制的目标在于提供一套有效的工具和方法，为实证分析提供高质量的数据支持。有效的数据采集策略能通过选择适当的数据来源、采取合适的获取方式、设置合理的时间架构等方式提供全面且相关的数据；而数据质量控制则通过数据清洗、数据转换、数据校验等手段，保证数据的完整性、准确性，增强了分析结果的可信度。这样，使用高质量的数据，就能更好地探索和解释货币政策变动对高科技上市公司投资决策的影响。

三、因变量和自变量的选择与定义

在货币政策变动与高科技上市公司投资决策关系的实证分析中，因变量和自变量的选择与定义是核心环节，因为这是构建模型以进行后续分析的基础，也关系到分析结果的有效性和准确性。

因变量是试图解释或预测的变量，也是研究的主要关注点，在这里，它是高科技上市公司的投资决策。而投资决策的度量方式可以是投资额、投资收益率、投资风险等，具体的选择取决于研究的问题和可以获取的数据的实际情况。

而自变量则是预测或解释因变量的变量，在这种情况下，自变量主要是货币政策的变动。货币政策的度量方式可以是官方公布的政策利率、货币供应量、公开市场操作等，这些都是可以直接或间接反映货币政策调整的重要指标。其中，选择哪一个变量作为自变量，也取决于研究的具体问题和实际可用数据。

但是，需要注意，单纯选取这两个变量进行分析可能会忽略其他重要因素，因此在展开这一分析时要充分确定这两个变量之间是否存在着并非偶然的联系。例如，高科技公司的投资决策也可能受到公司内部力量、市场环境、技术发展等因素的影响，货币政策变动也可能被政府经济目标、国际经济环境等影响，这就需要在模型构建过程中，充分考虑并控制这些可能的混淆因素。

更进一步来说，对于因变量和自变量的定义也需要予以充分关注。如同之前所说，投资决策可以有多种度量方式，但是应当选取最能反映问题本质的指标。举例来说，如果研究中关注的是企业资金的投入情况，那么投资额更能体现问题本质；如果关注的是投资效益，那么投资回报率或风险应当成为更好的选择。同时，对于正负性也应当给予充足的定义，如投资回报率增加是否意味着较好的投资决策？投资风险的提高是否意味着较差的投资决策？对于这些，都需要在定义阶段作出明确的界定。

货币政策变动的定义也同样需要精确。在一个经济周期中，货币政策变动可以分为宽松和紧缩两种，但每一种状态的定义并不一样，需要根据实际情况而定。货币政策调整背后的动机也非常重要，如金融危机时期的降息可能和经济过热时期的降息有着本质的区别。

总的来说，因变量和自变量的选择与定义是实证分析中的关键步骤，需要在对研究问题充分理解的基础上，依据可获得数据的情况，仔细考虑并明确每一个细节问题，以确保实证分析的科学性和准确性。

四、控制变量的选取和处理

在实证研究中，控制变量的选择和处理尤为重要，直接影响到模型的准确性和结果的解释。

首先，需要强调控制变量的重要性。控制变量是实证分析中非常重要的一环，其能帮助研究者排除其他干扰因素的影响，保证实证分析结果的可靠性。其次，在对货币政策变动对高科技上市公司投资决策的影响进行实证分析时，也必须合理地选择和处理控制变量。

在选择控制变量时，主要从以下几方面考虑：

（1）确保控制变量与研究问题有直接关联。不能盲目选择控制变量。例如，如果研究的是货币政策变动对公司投资决策的影响，那么可能需要将公司的资产规模、融资成本、回报率等因素作为控制变量。

（2）避免选择相关性过高的控制变量。如果两个或两个以上的控制变量之间的相关性过高，可能会导致多重共线性问题，影响模型的稳定性和结果的准确性。因此，在选择控制变量时，需要检查控制变量之间的相关性。

（3）充分利用已有的理论和研究。选择控制变量时，可以参考相关领域的理论和前人的研究，根据他们的理论模型或者实证结果，来选择控制变量。

处理控制变量主要包括如下几步：

（1）数据清洗。这是处理控制变量的第一步，通常包括处理缺失值、异常值，以及进行一些必要的变量转换。

（2）数据标准化。在多数情况下，需要将数据进行标准化处理，以避免不同的计量单位和数值范围对结果产生影响。

（3）确定变量的形式。遇到离散型数据时，需要决定是采用哑变量还是计数变量的形式；遇到连续型数据，要注意是否需要进行对数化处理或者是否存在非线性关系。

上述是选择和处理控制变量的一些基本原则和步骤，然而，并没有通用的标准答案，什么样的控制变量是最优的，什么样的处理方式是最恰当的，这需要根据具体的研究问题和数据背景来决定。但无论何种情况，都需要明确的是：选择和处理控制变量的过程，与研究的初衷和研究结果的精确度息息相关。而实证分析中的每一个细节，都可能直接影响到研究结果。所以，选择和处理控制变量，必须精心对待，这样才能确保实证分析的可信度。

五、统计模型的选择与构建

在实证研究中，选择和构建适当的统计模型是一项至关重要的工作。因为所选的模型将直接影响到后期研究结果的可信度，进而对获得的结论和政策建议有着深远影响。

统计模型，通常被看作描述变量之间关系的数学表达式，在实证分析中相当于一个工具，是用来理解和解释现象的，起作用的是建模的具体过程，尤其对于所探讨的主题 —— 货币政策变动对高科技上市公司投资决策的影响，需要选择一个能够准确捕捉这种影响的模型，且该模型需要足够复杂以描述问题的复杂性，同时又不能过于复杂，以防止过度拟合。

具体来说，在选择统计模型时，首先需要对研究问题有深入理解，并明确通过统计模型希望建立的是什么样的关系。在本研究中，希望建立起货币政策变动和高科技上市公司投资决策之间的影响关系。货币政策变动可能通过影响借贷条件、预期未来经济状况等因素，进而影响上市公司的投资决策。因此，可以视货币政策变动为独立变量，投资决策为因变量，构建一个回归模型来捕捉二者之间的关系。

在构建统计模型时，需要考虑包括但不限于控制变量的设置、影响因素的选择和测量、模型估计方法的选择等步骤。在这个过程中，要尽可能做到科学严谨，考虑所有可能影响投资决策的因素，并对这些变量进行适当的处理，包括减少遗漏重要变量的可能性、合理处理缺失值等，以提高模型的预测精度。

模型的构建需要运用专业的统计知识来控制变量的设置，各种影响因素的选择和测量非常重要。同时，模型估计方法的选择也是影响实证研究结果的一个重要因素，模型如果设定不当，不但会使得研究结果的可信度大打折扣，而且提出的政策建议也会失去实效性。

面对不同的研究问题和研究目标，模型的选择和构建需要有针对性。例如，如果关心的是货币政策变动对整个行业或全体上市公司投资决策的影响，那么可以考虑采用面板数据模型或者多元线性回归模型；如果关心的是货币政策变动对某一家特定公司的投资决策影响，那么可以考虑采用时间序列模型。

除此之外，模型构建的过程也需要充分考虑实证数据本身的特性。例如，选取的样本应具有足够的代表性，数据应具有足够的可靠性，模型设定应符合数据特性等。总之，在实证研究中，选择合适的模型，适当地设定模型，仔细地处理数据，都是事半功倍的重要步骤。

总之，统计模型的选取和构建对实证研究的影响十分重大，应充分考虑研究问题的需求、数据的特点和模型的适应性等多方面因素，选择最优的模型，并严谨进行模型的估计和检验，以确保得出的研究结果具有高度的可信度和参考价值。

六、参数估计和假设检验方法

参数估计和假设检验方法可以说是实证分析的基本步骤，其目的在于通过数据样本来估计总体参数，并以此来判断所提出的假设是否成立，具有广泛的应用，尤其在于货币政策变动与高科技上市公司投资决策关系的实证分析中至关重要。

在实证分析中，参数估计主要是指对模型中未知参数的估计。参数估计方法主要有两种，即点估计和区间估计。点估计是对总体参数值直接进行估计，但由于样本的随机性，点估计结果并不稳定，一般会使用区间估计，通过一个区间范围来反映总体参数的估值。具体的参数估计方法包括最大似然估计法、矩估计法等，都可以在统计分析软件中实现。

最大似然估计法是通过构造似然函数，在给定观测数据的情况下，寻找最使得该函数取得最大值的参数值。矩估计法则是通过设定一组等式，这组等式的左边是关于参数的函数，右边是样本矩，求解这组等式的解即为所要估计的参数值。

而假设检验则是要辨别所提出的假设是否成立，假设检验的步骤包括提出假说，确定显著性水平，选择适当的检验统计量，建立拒绝域，作出决策。具体的假设检验方法有参数检验和非参数检验，参数检验包括 t 检验、F 检验、卡方检验等。

此外，模型的假设检验还包括模型设定检验和模型参数的显著性检验。模型设定检验是调整模型格式，在增加或减少自变量 X 后，对模型作出合理的设定。而模型参数的显著性检验，就是利用检验统计量来检验总体参数是否等于某个值。

因此，在进行货币政策变动与高科技上市公司投资决策的实证分析时，我们需要根据实际问题的特点、数据的来源和特性，选取合适的参数估计方法和假设检验方法，并恰当地运用统计分析软件进行计算和解释。

货币政策差异性给研究提供了丰富的实践空间，可以涉及对数量型和价格型货币政策的实证分析，这就对参数估计和假设检验方法提出了高需求。因为不同的货币政策方式或者不同阶段的方式对于投资决策的影响效应，往往会有所不同，有时会出现明显的差异。

因此，在实证分析中需求高精度的参数估计和精细的检验假设。只有如此，才能更准确地解析货币政策变动，为高科技上市公司投资决策提供有力的实证支持。

总的来说，参数估计和假设检验方法在实证经济学中占有举足轻重的地位，合理与准确地运用这两种方法是得出可靠研究结果的关键，同时，也是使得研究结果得到普适性认可的基础。尤其对于高科技上市公司投资决策的实证分析来说，科学严谨的参数估计和假设检验方法无疑将提高研究的质量和准确性。

七、模型诊断和修正策略

在深入研究货币政策变动与高科技上市公司投资决策的关系之前，首先需要建立一个适合的模型。然而，建立模型的过程并非一蹴而就，模型的诊断和修正策略是一项值得剖析的主题。

在经济学中，模型是对现实进行抽象、简化和理论化的抽象结构。模型的选择对实证分析结果的影响不言而喻。因此，正确地验证模型的合理性，发现并修正模型中的潜在问题是至关重要的。那么，模型的诊断主要涉及什么呢？一般来说，模型的诊断主要包括模型的稳定性、序列独立性、分布正态性和协方差齐性四大类检验。这四种检验对于保证模型的高效率、无偏和一致性至关重要。

在模型诊断完成后，常常会发现模型并非完美，这时就需要对模型进行修正。修正策略大致包括模型扩展和模型变换两种。模型扩展通常包括使用增加解释变量、引入二次项或交叉项、添加滞后变量等方式在模型中引入新的变量；模型变换则主要通过改变模型的形式，如使用对数变换、差分变换、百分比变换等方式使模型的条件满足合理范围。而在实际操作中，模型扩展和模型变换往往是结合使用，以期达到更佳的估计效果。

在模型诊断与修正过程中，实证分析方法的选择具有重要价值。因为模型并非脱离数据存在，而是基于数据，适用于数据。数据驱动的模型适合度更高，因此在诊断与修正过程中尤为重要的是要充分利用数据，深入理解数据特性和数据结构。数据来源的选择则间接影响模型的适应性和复合性，因为不同的数据源在模型的适应程度、精度和稳健性等方面有很大差别。

总的来说，无论是模型的诊断还是修正，都需要以实证分析为基础，以数据为驱动。同时，模型的诊断与修正也反过来影响和促进实证分析方法的改进与发展，使得我们能够更好地了解货币政策变动对高科技上市公司投资决策的影响。而这对于政策制定者和企业决策者来说，具有非常重要的指导意义。在实际的经济活动中，不断的模型诊断与修正，必将推动实证分析的方法和模型更好地服务于科学决策，可以提供更多有价值的信息和启示。

第二节　货币政策变动对高科技上市公司投资决策的直接影响分析

一、货币政策变动的基本特点及其对投资决策的影响

货币政策变动的基本特点及其对高科技上市公司投资决策的影响，这个部分需要详细分析货币政策变动的基本特性，以及这些变动如何具体影响高科技上市公司的投资决策。

货币政策变动的基本特点主要包括以下几个方面：频率、幅度和方向。货币政策的调整是频繁的，这是因为我国央行根据经济形势的需要，不断调整货币政策来进行微观经济调控。货币政策的变动幅度取决于经济形势的具体要求，当经济增长超出预期（其实质是货币过度供应）时，央行往往会采取紧缩货币政策；当经济增长疲软（其实质是货币供应不足）时，央行往往会采取扩张货币政策。货币政策的调整方向主要有两个：一是向紧缩方向调整，即通过提高利率、减少流通中的货币量等手段，对经济过热进行调控；二是向扩张方向调整，即通过降低利率、增加流通中的货币量等手段，刺激经济增长。

当货币政策发生变动时，无论是变动的频率、幅度还是方向，都会影响高科技上市公司的投资决策。这一影响主要体现在以下几个方面：投资成本、投资回报和投资风险。

货币政策变动首先影响投资的成本。当货币政策紧缩时，利率上升，借款成本增加，公司的投资成本增加。这可能导致公司减少投资，甚至停止某些投资项目。反之，当货币政策扩张时，利率下降，借款成本减少，公司的投资成本减少，这可能会激发公司增加投资，甚至开展新的投资项目。

其次，货币政策变动也会影响投资的回报。当货币政策紧缩时，经济增长可能放缓，技术经济可能不景气，这将可能降低公司投资的回报。反之，当货币政策扩张时，经济增长可能加快，技术经济可能欣欣向荣，这将可能提高公司投资的回报。

最后，货币政策变动还会影响投资的风险。当货币政策紧缩时，利率上升，借款成本增加，公司投资的风险增大；同时，经济增长可能放缓，市场需求可能减少，这也会增加公司投资的风险。反之，当货币政策扩张时，利率下降，借款成本减少，公司投资的风险减小；同时，经济增长可能加快，市场需求可能增大，这也会减小公司投资的风险。

综上所述，货币政策变动的基本特点对高科技上市公司的投资决策具有重要影响。货币政策变动不仅影响投资成本、回报和风险，从而影响公司的投资决策，还反过来通过影响公司的投资决策，对整个经济有深远的影响。因此，理解和把握货币政策变动的基本特点及其对投资决策的影响，对于高科技上市公司投资决策的制定具有重要的理论和实践意义。

二、货币政策工具调整与高科技上市公司投资决策关系初探

货币政策工具调整对高科技上市公司投资决策的影响是本部分的核心问题。当谈到货币政策工具时，主要指公开市场操作、再贷款、存款准备金率、贴现率和基准利率等。而这些工具在实际运用中，具有直接影响货币供应量，进而间接影响实体经济的功能。

对于高科技上市公司来说，其核心的竞争力不仅仅在于技术优势，更在于资金实力和综合运营能力。投资决策是公司运营的一个重要环节，对公司的发展具有直接的影响。当货币政策工具调整时，对高科技上市公司的投资决策产生的影响表现在两个方面。

一方面，影响公司手头的现金流和未来的现金流预期。中央银行调低再贷款率或贴现率，使得银行的借贷成本降低，银行乐于发放贷款，银行信贷松动，公司可以通过贷款的方式获取到更多的资金，提高投资能力。反之，如果中央银行升高再贷款率或贴现率，银行的借贷成本提高，收紧信贷，公司获取到的资金就会减少，影响投资能力。同时，房贷利率、大宗商品价格等变动会影响消费者的预期，进而影响公司的未来现金流预期，影响投资决策。

另一方面，影响宏观经济运行环境和市场预期。当中央银行升高存款准备金率，银行可供贷款的资金减少，短期内可能会使宏观经济增长速度放缓。这对高科技上市公司而言，如果对宏观经济的预期不乐观，可能会选择保守的投资策略，减少投资。反之，如果中央银行降低存款准备金率，释放银行资金，则有利于经济增长，公司可能会对未来市场的预期更加乐观，增加投资。

无论是通过影响现金流，还是通过影响宏观经济运行和市场预期，货币政策工具的调整都会对高科技上市公司的投资决策产生影响。因此，高科技上市公司在作出投资决策时，不仅要考虑自身经营状况和市场竞争环境，还需要研究和预判货币政策的走向，以优化投资结构，实现公司利益最大化。在实证研究中，也可以找到相应的证据，来证实货币政策工具调整对高科技上市公司投资决策影响的存在，并且影响程度和方向与具体的政策工具和调整方向有关。

三、货币政策宽松期对高科技上市公司投资决策的影响

货币政策宽松期对高科技上市公司投资决策的影响是一个严密而富有内涵的主题。货币政策的变动无疑是影响公司经营决策的关键因素，而亟待关注的高科技上市公司既是经济的受益者，也是风险的承担者，其投资决策必须对这样的环境变量有充分的理解与应对。

在货币政策宽松的环境下，一般来说利率会相对较低，这就使得占用资

金的成本下降，理论上应当有利于公司增加投资或者提高债务层次以期获取高收益。

然而，每个公司面对相同的宏观环境，可能作出不同的决策。这就涉及对公司自身的风险偏好、业务模式、财务状况以及长期发展规划等一系列复杂因素的综合考量。宽松的货币政策并不意味着所有的公司都会无节制地增加投资，反而可能有的公司会因为对未来的不确定性而更加谨慎。

高科技上市公司作为新经济的代表，一般具有项目周期长、投入大的特征，这就需要资金的持续投入，并且对于利率环境的敏感度可能较高。此外，高科技公司的业务一般具有很强的不确定性，这就使得投资决策更加复杂，是否因为低利率环境而增加投资取决于公司对未来市场、技术以及环境的预期。

在宽松的货币政策下，公司可能会选择大胆投资，尤其是处于高速发展阶段的高科技公司，它们更可能选择借势发展，把握机会。但是，也要注意到宽松的货币政策本身就意味着存在一定的经济下行压力，虽然低利率环境使得资金成本降低，但是未来的市场禀赋却是不确定的，这就需要公司作出更为谨慎的决策。

此外，高科技公司的投资决策不仅仅是金融决策，更需要关注技术的发展方向、市场的变化以及自身的经营状况，因此，尽管宽松的货币政策是一个重要的外部环境变量，但是公司的投资决策是一个内外部因素综合作用的结果。

总的来看，货币政策宽松期对高科技上市公司的影响复杂，不是简单的因果关系。在这个宽松的货币政策期间，高科技上市公司既需要充分利用低利率环境，又要审慎评估可能存在的风险，把握好投资的度，做好平衡，这无疑对公司的投资决策提出了更高的要求。

四、货币政策紧缩期对高科技上市公司投资决策的影响

货币政策紧缩期对高科技上市公司投资决策的影响，是货币政策变动研究中的重要主题。货币政策紧缩期，通常指的是中央银行以提高基础利率等手段，从宏观经济角度收紧货币供应，以抑制经济过热，控制通货膨胀等。然而，货币政策的紧缩，对于高科技上市公司的投资决策，无疑会产生深远的影响。

在紧缩货币政策的背景下，利率上升会导致企业融资成本的提升。高科技

上市公司作为资本密集型的企业，往往需要较大的资金投入以支持其研发、市场开拓以及生产经营等活动。因此，融资成本的提升，会对企业投资规模和投资方向产生决定性的影响。

具体来说，高科技上市公司可能会由于融资成本的提升而压缩投资规模，降低投资活动的频率，这对科技研发进程无疑是一种打压。实际上，研发的投入和科技创新的成功对于高科技上市公司的长远发展具有至关重要的意义。另外，融资成本的提升也可能导致企业在投资方向上作出调整，比如可能更多地向那些投资回报率高、风险相对较低的项目倾斜，相应地对高风险、高未知性的创新性项目投入减少。

货币政策紧缩期可能还会导致整体经济环境的不确定性增加，投资决策风险提高。企业在制定投资决策时，可能因为考虑到这种大环境因素，而采取更为保守的投资策略。一些对未来市场潜力和技术前景充满信心的大胆投资决策，可能在紧缩货币政策期间被搁置。

然而，针对货币政策紧缩期对高科技上市公司投资决策的影响，各个企业可能会有不同的应对策略。一些企业可能会利用紧缩期的资金压力，转型或淘汰掉一些效率较低的项目和业务板块。而一些在行业中具有领先优势的企业，则可能会坚定自身的发展战略，即使在短期内面临更高的融资成本，也要保证长期的发展与投资。

总的来看，货币政策紧缩期对高科技上市公司投资决策的影响是多方面的，既可能造成投资规模的压缩和投资方向的调整，也可能加大投资决策的风险。然而，紧缩期也可能会为一些企业带来转型和淘金的机会。具体的影响和应对策略，需要企业针对自身的特点和市场环境作出明智的选择。

五、货币政策预期变动对高科技上市公司投资决策的影响

货币政策预期变动在众多经济因素中起着极为重要的作用，并逐渐被放大，特别在高科技上市公司投资决策中。定量和定性的市场数据都显示，货币政策预期变动直接影响高科技上市公司投资决策，这深深烙印在高科技上市公司决策者的思维方式和投资行为中。

高科技上市公司的投资决策是相当复杂的，涵盖了公司的未来发展、市场风险评估、技术研发、人力资源配置、供应链管理、财务战略等多个方面。因此，面对货币政策预期变动，公司高层必须设法将这种影响转化为投资决策的重要参考指标。企业如何对待货币政策预期，实则是对未来公司发展潜力的一种投票，也是公司与市场短期和长期互动的重要方式。

　　有研究发现，货币政策预期的变动会导致公司投资决策的改变，这个改变通常反映在公司的投资行为上。若货币政策预期收紧，公司可能会减少新项目的投资、重组现有项目、推迟或缩减研发投资，甚至会出现为降低人力成本而裁员等现象。反之，如货币政策预期宽松，企业可能会加大投资力度，增加研发投入，扩大生产。

　　除此之外，货币政策预期变动对高科技上市公司投资决策产生的影响不仅在投资行为上表现得十分明显，同时也会显著影响到公司内部运营的各个环节，如生产计划、产品价格、人力资源调控等。企业应把握货币政策预期变动，减少其对企业投资决策的负面影响，同时能充分利用其带来的积极影响。

　　在实证研究中，可以通过构建经济模型或者进行经验分析来观察和研究货币政策预期变动对高科技上市公司投资决策的影响。经济模型分析可以通过设定一系列的条件和参数，模拟货币政策变动对投资决策的影响，反映出其对投资规模、投资方向等方面的影响。经验分析则可以通过观察和收集市场上的数据，了解货币政策预期对公司投资行为的实际影响。

　　需要注意的是，虽然货币政策预期变动对高科技上市公司投资决策影响明显，但它并非决定因素，也不是唯一影响投资决策的因子。公司的投资决策受到多种因素影响，如市场情况、公司策略、技术进步、行业环境等。公司应将这些因素同时考虑，制定出平衡并具有发展前瞻性的投资决策。

　　总的来看，货币政策预期变动对高科技上市公司的投资决策产生深远影响。公司在面对货币政策预期变化时，需要充分理解这一影响，将其纳入投资决策的考虑，这对公司的长期发展具有重要意义。同时，政策决策者也需要了解其政策预期变动对企业投资决策的影响，便于他们更好地制定和实施货币政策。

六、利率政策调整与高科技上市公司投资决策

利率政策调整与高科技上市公司投资决策的相关性，已成为货币政策变动对企业投资决策影响的重要研究方向。高科技上市公司作为科技创新的主体，其投资决策在很大程度上会受到利率政策调整的影响。这从两个方面反映，一是投资成本的变化；二是投资回报预期的变动。

首先，从投资成本的角度看，利率调整会影响企业的融资成本。通常情况下，当利率提高时，企业的借款成本会提高，这意味着企业需要支付更高的利息费用，从而降低投资的实际回报，使得企业有可能会减少资本支出。反之，当利率降低时，企业的融资成本会降低，企业的投资动力会增强，从而可能带动企业增加资本支出。对于高科技上市公司而言，由于其研发投入和技术创新的特点，投资活动对融资成本尤为敏感，因此，利率政策的调整无疑会对其投资决策产生影响。

其次，从投资回报预期角度看，利率的调整有可能会改变市场的预期，从而影响企业投资决策。当利率提高时，市场上的投资回报率水平也会随之提高，企业为了获得与市场相同的回报率，需要投资于更加高风险的项目。反之，当利率降低时，企业的投资回报率预期也会降低，企业可能会更愿意投资于相对安全的项目。对于高科技上市公司而言，由于其研发投资和技术创新的特性，投资回报预期对其投资决策的影响更加明显。因此，无论是利率的提高还是降低，都可能通过改变企业的投资回报预期影响其投资决策。

在这个过程中，高科技上市公司需要在复杂的经济环境中作出最优的投资决策。从实践中可以看出，上述两个方面的影响并不是独立的，而是相互影响，相互作用的。有时候，利率的变动可能并不能直接导致企业的投资决策发生改变，而是通过改变企业的投资环境，进一步影响企业的投资决策。

除了上述两个明显的影响因素，还有一些其他因素也会影响高科技上市公司的投资决策，如税收政策、市场结构等。这些因素可能会和利率政策共同作用，共同影响高科技上市公司的投资决策。

在实证研究中，研究者需要收集一系列的数据，如利率水平、企业的投资水平、融资成本、回报预期等，通过分析这些数据，来研究利率政策调整对高科

技上市公司投资决策的影响。

总的来说，利率政策调整对高科技上市公司投资决策的影响是一个十分复杂的过程，它既与企业内部的投资环境有关，也与企业外部的经济环境有关。货币政策变动对高科技上市公司投资决策的影响需要从多元化角度分析，同时也需要持续关注市场动态，以便为政策制定提供科学依据，同时也为高科技上市公司提供投资决策的指导。

七、货币供应量变化对高科技上市公司投资决策的影响

货币供应量的变动对高科技上市公司的投资决策具有深远影响。当前，货币政策作为国家经济调控的重要手段，其变动无疑将直接影响实体经济的运行。而作为实体经济的一部分，高科技上市公司的投资决策无疑也会受此影响。

货币供应量的变动，简单来讲，就是指国家央行通过调控货币政策，而使得市场上的货币数量发生变动。这一变动，可以体现为货币供应量的增加或减少，对经济的影响也因其变动方向的不同而有所不同。如果货币供应量增加，即放松货币政策，通常会使得市场上的资金更加充裕，利率下降，金融环境宽松，促使企业倾向于增加投资；而如果货币供应量减少，即紧缩货币政策，通常会使得市场上的资金更加紧张，利率上升，金融环境紧张，对企业的投资行为形成抑制。

对于高科技上市公司来说，其投资决策主要考虑的是公司发展的长期战略，以及未来的利润预期和风险水平。货币供应量发生变动时，不同的变动方向和程度，都会对企业的投资决策产生影响。具体表现为，首先是影响企业的资金成本。货币供应量增加，会导致市场利率的下降，降低了企业的资金成本，有利于企业的投资行为；反之，货币供应量减少，会导致市场利率的上升，提高了企业的资金成本，抑制企业的投资行为。

其次，货币供应量的变动还将影响企业的预期收益。在经济繁荣期，货币供应量增加，企业对未来的利润预期通常较乐观，因此更倾向于进行投资；而在经济低迷期，货币供应量减少，企业对未来的利润预期通常较悲观，因此会收缩投资。

最后，货币供应量的变动也会影响企业对风险的承受能力。一方面，随着货币供应量的增加，企业借款的成本降低，企业更有能力承担风险；另一方面，如果货币供应量减少，企业的借款成本增加，企业承担风险的能力则会减弱。

综上所述，面对货币供应量的变动，高科技上市公司需要根据自身的经营策略，以及预期的经济环境，适时调整其投资决策，以适应不断变化的经济环境。此外，政策制定者也应意识到，货币供应量的变动不仅对整个经济有影响，对每一个企业的投资决策也有着直接影响，因此在制定和实施货币政策时，也应充分考虑这一点。

八、货币政策的长期和短期影响对高科技上市公司投资决策的比较

货币政策的长期和短期影响对高科技上市公司投资决策的比较展开来看，是一个复杂且重要的议题。这其中包含许多变量的互动关系，如利率、汇率、宽松或紧缩的货币政策等，对于这些，需要从理论和实证两方面来分析。

理论上，货币政策主要是通过调整金融市场的利率来影响企业的投资决策。短期内，货币政策的微调可能造成资本市场的短暂动荡，而长期内，稳定透明的货币政策更可能会降低市场的政策预期不确定性，从而提升企业的投资决策的稳定性。而企业投资决策的变化又会反向影响到整个宏观经济，形成一个闭环。

高科技上市公司的投资决策因为其特殊性，货币政策变动带来的影响更加明显。首先，因为技术更新快速，高科技企业需要频繁投资，这使得企业更加依赖低成本的融资渠道。然而，货币政策的紧缩往往带来融资成本的上升，这对高科技企业的投资决策产生直接影响。其次，高科技企业的产品价格有很高的波动性，这使得企业的现金流更加不稳定，货币政策的紧缩可能会加剧这种波动性，影响企业的稳定性。

实践中，货币政策的长期影响是显著的，数年甚至数十年的低利率或高利率对高科技上市公司有深远的影响，这从全球各国的历史数据中可以明显看出。相比之下，短期的货币政策影响虽然也明显，但并不像长期政策那样有深远的意义。这是因为短期的政策波动往往会被市场自我调整的机制所抵消，而长期的政

策则会深深地影响到企业的投资决策，进而影响到国家的经济结构。

然而，货币政策的长期和短期影响并非孤立存在的，它们常常相互影响、交织在一起，形成一个复杂的动态系统。长期稳健的货币政策对于高科技上市公司投资决策的确定性和稳定性具有深远意义，而短期的货币政策调整对于应对经济周期波动，把握市场机会同样具有重要作用。因此，长期与短期的货币政策变动的影响比较，并非是对立的关系，而是相辅相成、相互影响的。

总结起来，货币政策的长期和短期影响对高科技上市公司投资决策的比较，需要将理论与实践两者结合，从政策的性质、特点与宏观经济环境相结合等多角度进行深入分析。此类研究，无论对于政策制定者，还是高科技上市公司，甚至整个社会，都具有重大的意义。

第三节　货币政策变动对高科技上市公司投资决策的间接影响及中介效应分析

一、货币政策变动对高科技投资决策的间接影响概述

货币政策变动对高科技投资决策的间接影响主要来自宏观经济环境的微妙改变。货币政策的实施，不仅可能在直接的融资成本和企业现金流上产生影响，还可能通过影响宏观经济环境，进而间接影响投资决策。

首先，货币政策变动会重塑宏观经济环境，影响市场和行业发展预期。一方面，央行通过调整政策利率，影响银行间隔夜拆借利率，从而影响企业的融资成本。经过一系列复杂的传导机制，不断影响到股票市场的投资信心和市场预期，进而影响到企业的投资决策。另一方面，货币政策的调整也会影响到实际经济的运行，这将对高科技行业的发展产生深远影响。货币政策的收紧可能使得实体经济增长放缓，而货币政策的宽松则可能会刺激经济增长，这对高科技行业的生产投资提出不同的要求。

其次，货币政策的变动也会影响企业的融资选择，从而间接影响投资决策。

货币政策的改变不仅会改变企业间借贷的成本，同时还会影响企业在资本市场上筹资的成本。特别是高科技企业，资金需求巨大，企业的融资活动对投资的影响尤为显著。例如，当货币政策收紧导致资本市场的融资成本上升时，企业则可能会选择减少投资，以保证企业的财务稳定。反之，当货币政策宽松导致资本市场融资成本下降时，企业则会有更强的动力进行扩大性投资。

再次，货币政策变动对高科技投资决策间接影响的另一大机制是影响企业的现金流。货币政策的变动会通过影响信贷规模和信贷成本影响企业的现金流量，而现金流量的变动对于投资决策具有重要的影响。例如，伴随着货币政策的收紧，企业面临的融资困境可能会加重，现金流入可能会减少，这种情况下，企业为了保持经营的正常运行，只能选择减少投资。

最后，货币政策的变动对高科技投资决策的影响还可能会通过对企业经营环境的影响来间接实现。举例来说，宽松的货币政策通常会刺激经济活动，而强劲的经济将为高科技企业带来更优渥的盈利环境，从而刺激其增加投资；相反，紧缩的货币政策通常会限制经济活动，而逆境经济环境则可能使企业减少投资。

综上所述，货币政策的变动对高科技投资决策的间接影响是多方面的，涵盖了宏观经济环境、融资选择、现金流量变动、经营环境等各个方面。这需要高科技公司在制定投资决策时，充分考虑这些因素的影响，以作出最符合公司利益的决定。

二、利率与高科技投资决策的间接关系

货币政策的变动不仅直接影响到企业的投资决策，同时在一定程度上，其还通过改变市场环境，影响利率的走势从而对企业投资决策产生间接影响。而对于高科技上市公司而言，这种间接影响更为显著。尤其是在技术革新投资中，利率变动的间接影响常常能够对投资决策形成重要影响。

就利率与高科技投资决策的间接关系而言，首先要明确，在经济活动中，利率通常被视为影响资本成本的关键因素，当利率提高时，企业的贷款成本也随之升高，对于需要大量投资的高科技上市公司而言，投资的机会成本加大，这可能会降低其投资的意愿和动力。相反，当利率下降时，借贷成本降低，投资的机

会成本也降低，对于高科技上市公司而言，可能会提高其投资的意愿和动力。

其次，还需要注意到，高科技企业通常需要大量的研发投入，而研发投入又通常需要长时间才能见效，因此，这些企业在作出投资决策时，不仅需要考虑到当前的利率环境，还需要预期未来的利率走向。假如预期未来利率可能上升，那么企业可能会提前扩大投资；反之，如果预期未来的利率可能下降，那么企业可能会选择等待更低的利率时再进行投资。

此外，值得注意的是，高科技上市公司在投资决策过程中，常常需要考虑到利率和投资风险的关联。理论上，投资所面临的风险越大，投资者期望获取的回报率也就越高。而当利率变动时，市场的风险溢价也会相应变动，这对于高科技上市公司的投资决策也会产生影响。

具体来说，当市场利率提高时，企业的融资成本上升，相应的风险溢价也会随之提升，这意味着企业需要承受更高的投资风险。而对于高科技上市公司来说，由于其产品研发过程中的风险较大，因此在利率上升的情况下，可能会对其投资行为产生抑制效果。

反之，当市场利率下降时，企业的融资成本降低，相应的风险溢价也随之降低，这对于高科技上市公司而言，可能会降低其投资决策的风险承受程度，从而刺激其投资行为。

但是，高科技上市公司在面对利率变动时，也不能仅仅关注其对投资成本和风险的影响，还需要考虑到利率变动可能带来的市场环境变化。这里的市场环境主要包括消费者的消费行为、经济增长态势、货币供应情况等。这些因素的变化可能会对企业的投资回报产生影响，从而影响到企业的投资决策。

例如，当利率提高时，消费者的消费倾向可能会降低，经济增长可能会放缓，这可能会对高科技产品的市场需求产生负面影响，从而降低企业的投资回报，抑制企业的投资行为。而在利率降低时，消费者的消费倾向可能会提高，经济增长可能会加快，这可能会促进高科技产品的市场需求，提高企业的投资回报，刺激企业的投资行为。

以上对于利率与高科技投资决策间接关系的总结说明，利率与高科技投资决策具有紧密的间接关系，不仅体现在直接影响企业的资本成本上，还表现在其对企业风险溢价、预期利率、市场环境等多个方面的影响上。这些要素会共同影响高科技上市公司的投资决策，使得利率变动成为重要的影响因素。因此，高科技上市公司在决策时，要全面考虑各种因素，作出符合自身发展需求和市场环境的决策。

三、货币供应量变动对高科技投资的风险预期

货币供应量变动可能对高科技上市公司的投资决策产生重大影响，尤其是从风险预期的角度来看。货币供应量的变动直接影响到资产价格，进而对公司投资决策中的风险预期产生影响。随着货币供应量的增加，资产价格可能会上涨，反之则可能下跌。这种价格的波动可能会引起公司投资决策的不确定性，进而影响到投资的风险预期。

风险预期是投资者对未来可能发生的不利事件进行预测的过程，是投资决策的重要组成部分。在作出投资决策时，投资者会根据风险预期来设定投资的预期回报，从而确定是否进行投资。货币供应量的变动会直接影响到经济的稳定性，进而影响到投资者的风险预期。

货币供应量增加时，经济可能会出现通胀，货币的购买力下降，这可能会导致投资者对未来的投资回报降低预期，从而提高其风险预期。反之，货币供应量的减小可能会导致经济出现紧缩，货币的购买力上升，可能会提高投资者对未来投资回报的预期，降低其风险预期。

对于高科技上市公司来说，由于其投资的项目通常风险较高，所以对于货币政策的敏感性可能会更强。对于一些投资在研发和创新上的高科技上市公司来说，由于大部分的研发项目都需要长期的投资，而可能的回报又存在很大的不确定性，所以这些公司对于货币政策的变动可能更加敏感。当货币供应量的变动导致投资者的风险预期上升时，可能会影响到这些公司的研发投资决策，进一步影响公司的长期发展。

同样，货币供应量的变动也可能通过影响市场的信心来影响高科技上市公司的投资决策。当货币供应量增加导致市场经济过热时，可能会引发市场对未来经济的悲观预期，从而提高投资者的风险预期，影响其投资决策。反过来，当货

币供应量减少导致市场经济过冷时，可能会引发市场对未来经济的乐观预期，降低投资者的风险预期，从而促进其投资决策。

此外，货币供应量的变动可能还会通过影响公司的融资成本来影响其投资决策。货币供应量的增加可能会降低利率，降低公司的融资成本，进而降低投资的风险预期，促进投资决策。反之，货币供应量的减少可能会提高利率，提高公司的融资成本，进而提高投资的风险预期，影响投资决策。

从总体上看，货币供应量的变动对于高科技上市公司的投资决策具有显著的影响，尤其是通过资产价格、市场信心和融资成本途径对公司投资决策的风险预期产生影响。因此，对于高科技上市公司来说，了解和掌握货币政策的变动，是作出正确投资决策的关键。

四、货币政策预期与高科技投资决策间的关系

在讨论货币政策预期与高科技投资决策间的关系之前，首先要清楚一点，那就是货币政策预期和高科技投资决策并不是孤立存在的，它们都处在经济社会制度的大背景下，被大环境深深地影响着。

货币政策预期是经济主体对未来货币政策走向的判断和预见。一方面，货币政策预期会影响经济主体的投资决策，形成对未来收益、风险以及经济形势等因素的预判和动态调整。另一方面，高科技投资决策则是经济主体在面对复杂变化的市场环境时，基于对技术发展趋势、需求动态以及政策环境等因素的综合考量和判断，决定投资方向与投资规模的活动。

对于高科技上市公司来说，由于其投资的长期性、风险性以及其产出的周期性等特点，货币政策预期的影响则更为显著。当货币政策趋紧时，公司对未来的盈利预期降低，企业的投资动力也会相应减弱；相反，当货币政策趋宽时，公司对未来的盈利预期提升，也会对企业的投资充满信心，投资动力增强。这表明货币政策预期会对企业的投资行为，尤其是高科技企业的投资行为，产生显著的影响。

此外，货币政策预期对高科技上市公司的投资决策影响也会通过中介变量来实现，这种影响表现在货币政策预期与企业投资行为的转换过程中。这些中介

变量包括但不限于利率、信贷、公司收益等。比如，货币政策预期的变化会影响市场的利率水平，再进而影响企业的融资成本和持有损失，从而影响企业的投资决策。再如，货币政策预期的变化会影响金融机构的信贷行为，进而影响企业的借款机会和成本，从而影响公司的投资决策。

因此，在现实的高科技上市公司中，企业在作出投资决策时，除了要考虑项目本身的盈利能力、风险水平等情况外，还需要关注货币政策的潜在变化，提前做好适应和调整的准备，才能保持企业的生存和发展。而对于政策制定者来说，也应该充分认识到，货币政策并非只是调节货币供应和需求的工具，其变动也会引发企业投资行为的变化，影响整个社会的经济活动。因此，正确把握货币政策预期对高科技上市公司投资决策的影响，不仅对理解经济活动的内在机理有重要意义，也对制定符合社会发展需要的货币政策具有重要的现实指导意义。

五、高科技公司资金成本与货币政策的中介作用分析

在全球化的今天，针对各国不同的经济体系和结构，货币政策以其独特的调控方式影响着市场经济的运行，并在一定程度上塑造了高科技上市公司的投资决策过程。作为影响这一过程的关键因素之一，高科技公司的资金成本与货币政策的变动息息相关。

围绕高科技公司资金成本与货币政策中介作用的分析，首先要明确其中的关键词——资金成本。资金成本是企业从金融市场获取资金所需支付的成本，主要包括利息支出和股权成本。对于高科技公司而言，资金成本的高低，将直接影响这些企业的投资决策。具体而言，资金成本的增加使得企业投资的门槛提高，一些预期收益不高的项目可能因此被放弃；反之，资金成本下降会使得企业增加投资，从而推动市场的繁荣。因此，资金成本与企业的投资决策方式有着直接的关联。

其次，从更大的视角来看，货币政策会通过影响资金成本，间接地左右企业的投资决策。就我国而言，货币政策主要通过调整存款准备金率、公开市场操作等方式，影响市场资金流动，从而影响资金成本。例如，当面临经济下行压力时，央行可能降低存款准备金率，使得存款准备金中可用于投资的部分增加，从

而降低资金成本；而在面临通胀压力时，央行可能会通过提高存款准备金率，吸收市场流动性，使得资金成本提高。因此，货币政策可以说是影响企业投资决策的重要杠杆。

最后，需要关注货币政策对高科技公司投资决策的影响还表现在其中介作用。具体来讲，除了在调整资金市场流动性和资金成本方面的直接作用外，货币政策还可能在客户和供应商等第三方中体现出其影响。例如，当货币政策宽松时，可能会降低合约执行成本，吸引更多的合作伙伴，从而间接提高企业的投资回报；反之，货币政策紧缩可能会推高合约执行成本，使得企业的投资计划受到负面影响。

由于高科技公司的特性，如科研周期长、投资额大等，这种货币政策的中介作用尤为明显。可以看出，货币政策的变化通过影响高科技公司的资金成本，最终对其投资决策产生深远影响。因此，对货币政策变动对高科技上市公司投资决策的间接影响及中介效应的分析十分必要。

针对具体的经济形势和市场环境，高科技公司需要灵活应对货币政策的变动，优化投资决策。同时，货币政策制定机构也需要考虑到货币政策对高科技公司影响的复杂性，科学地调整货币政策，推动市场的健康发展。

六、货币政策变动对高科技投资机会的影响

货币政策是为了稳定经济运行状况而对货币供应量、货币市场利率等进行调整的一种手段。它包括具体的货币政策工具和货币政策目标等要素。而货币政策变动表现为调整货币供应量、降低或提高货币市场利率以及改变银行法定准备金率等。

在理解了货币政策变动的含义和操作模式后，再来看看这些变动对高科技投资机会的影响。这一影响主要表现在两个方面，其一，影响高科技企业的投资成本；其二，影响高科技企业的投资回报。

首先，对投资成本的影响。一般来说，货币政策的宽松会降低企业的融资成本和投资成本，进而使企业有更多的资金用于研发和新项目投资，这对高科技公司来说是极为正面的影响。反之，货币政策收紧会提高企业的融资成本和投资

成本，进而抑制企业的投资欲望，这对于任何一家依赖大量投资进行研发、寻求新项目突破的高科技公司来说，无疑会产生巨大的压力。

其次，对投资回报的影响。货币政策的松紧同样会影响到投资项目的期望回报。当货币政策松动时，企业融资的门槛降低，同时经济活动增加，投资项目的期望收益也可能会提高，因此高科技企业的投资热情会更高。而当货币政策收紧时，则可能会出现相反的情况。

货币政策对高科技上市公司投资决策的作用具有时间滞后性和持久性，也就是说，货币政策变动的效果并不会立即体现在投资决策中，而是需要一段时间的适应和调整。同时，已经形成的投资决策一旦实施，其影响将延续很长一段时间。

总的来说，货币政策变动对高科技投资机会的影响具有相当的复杂性和重要性，它既可以促使高科技上市公司进行更多的投资，进而推动科技进步和社会发展，也可能由于政策的过度收紧，使得企业的投资成本过高，投资回报受限，从而抑制科技进步和经济增长。因此，作为政策制定者和高科技上市公司，都需要深入理解和熟知货币政策变动的可能影响，以便更好地应对和把握投资机会。

七、高科技公司信贷条件与货币政策变动的中介效应分析

为了深入解析货币政策变动对高科技上市公司投资决策的间接影响及中介效应，先要理解货币政策如何变动。在经济周期的不同阶段，中央银行为了稳定经济运行，调控通货膨胀，会采取相应的货币政策。当经济过热，可能引发高通胀时，央行通常会收紧货币政策，也就是提高存款准备金率、提高利率等；反之，在经济萎靡，通胀率较低时，央行则可能采取宽松的货币政策，降低利率，增加市场流动性，刺激经济发展。因此，货币政策的调整与经济周期是密不可分的。

接下来，分析的是这个过程中的中介因素——高科技公司的信贷条件。信贷条件是货币政策调整下首先受到影响的一个领域，尤其对于依赖外部融资的高科技公司来说，信贷条件的好坏直接影响到他们的投资决策。

当货币政策收紧时，各工商银行贷款利率提高，商业银行信贷资金有可能

变得更为紧张，于是，对高科技公司来说，他们需要承受高昂的利息支出，这就可能导致他们将原本打算投资于科研和产品开发的资金，转向还贷。相反，如果货币政策放松，融资成本降低，那么高科技公司可能会有更大的动力去进行投资研发，因为他们可以借到更便宜的钱。所以，货币政策的变动通过影响高科技公司的信贷条件，间接地但深刻地影响了他们的投资决策。

那么，高科技公司如何应对这种中介效应呢？首先，需要有预见性，根据货币政策趋势，提前作出短期甚至中长期的投资战略调整，减少意外信贷成本的影响。其次，需要做好多元化融资的安排，减少对商业银行信贷的依赖，防范货币政策变动带来的信贷条件变化。最后，也需要做好成本控制，通过技术进步、管理效率提升等方式，降低生产运营成本，缓解外部融资压力。

所以，货币政策的变动会通过信贷条件的改变，影响到高科技公司的投资决策。这是一个复杂且需要细致研究的过程。企业也需要根据自身的应对方案，来规避和应对这些情形。希望通过本节的分析，读者可以对"高科技公司信贷条件与货币政策变动的中介效应分析"有更深入的理解。这也为以后的经济体制研究，提供了新的研究视角和研究方法。

◇ 第四章 ◇

货币政策变动影响高科技上市公司
投资决策的案例研究

第一节　案例选择与背景介绍

一、案例选择依据与原则

在进行案例研究时，案例的选择是一个既重要又复杂的环节。在本书中，关注的是货币政策变动对高科技上市公司投资决策的影响。以此作为选取案例的依据与原则至关重要，绝不是随意或者仅凭个人喜好可以决定的。

（一）选择依据

根据本书的研究目标，选择案例的主要依据为：①已上市的高科技公司；② 在重大货币政策变动期间存在明确的投资行为、决策或变化。这两个条件都必须满足。此处所说的高科技公司，定义为主营业务在电子、信息技术、人工智能、生物科技、新材料等新兴科技领域的上市公司。这些公司的产品和服务通常涉及创新技术，对资金的需求和投资决策通常比传统领域更加敏感和复杂。

在确定了潜在的研究对象后，还需要确认这些公司在货币政策变动期间存在明确的投资行为、决策或变化。货币政策变动可以是利率的调整、货币供应量的变动、准备金率的改变等。对此，要在该公司的财务报告、年报、季报等公开信息中寻找证据，或者需要对公司的高管进行访谈，以确认货币政策变动和投资决策之间的因果关系。

（二）选择原则

在实际操作中，遵循以下三个原则进行选择：

（1）代表性原则。样本的选择需要能够代表所有同类型的企业，其经营范围、规模、股权结构等基本特征应与大多数同类型企业相似，这样的案例研究结果才具有普遍性，别的企业可以借鉴。

（2）唯一性原则。倘若在所有符合条件的上市公司中，有部分公司的情况极其特殊，甚至在整个行业中都鲜有出现，那么这些公司就可以作为独特的案例，通过分析他们的投资决策，可以探索到更多的可能性和多样性。

（3）决策透明性原则。选择的案例公司，其投资决策应尽可能透明，方便收集和理解相关信息。公司资本运作的透明度高，有利于深入分析其投资决策的动机、过程和结果。

总结来说，案例选择评判的标准在于能否准确地帮助理解和阐释货币政策对高科技上市公司投资决策的影响，且具有广泛的适用性和典型性。客观地说，选择一个好的案例，就相当于成功了一半。希望通过合理的案例选择，可以为研究提供有力的实证支持。同时，这也是在科学严谨的态度下，对所有读者、研究者和相关决策者的尊重。

二、高科技上市公司综述

高科技上市公司以科技为驱动力，注重创新，积极推动科技进步和行业发展。这类公司的主要特征包括高研发投入、快速技术更新、产业集中、市场全球化等。他们投入大量的资金用于科研创新，以保持自身的科技优势，因此，经常需要面对巨大的研发投入和市场风险。另外，这类公司产品生命周期短、技术更新快、市场变化快，对决策者的决策能力和风险把握能力要求较高。

这类公司的经营业绩也与其所处的行业发展阶段密切相关，新兴行业的高科技公司面临市场前景广阔但竞争激烈的环境，成熟行业的公司需要通过持续创新以保持在竞争中的优势。个别高科技公司甚至在一定阶段处于垄断地位，但同时也需要面对政策监管的压力。

货币政策的变动对高科技上市公司产生显著影响。在缩紧货币政策时，高科技上市公司面临资金压力加大的情况，研发投入可能会受限，影响其长远发展。相反，宽松的货币政策有助于公司获得更多的资金，增加研发投入，推动技术创新和业务拓展。但同时，货币政策的宽松也可能导致机构投资者大规模进入，引发资本市场的泡沫。

此外，货币政策的变动对高科技上市公司的投资决策产生重要影响。一方面，在利率上升时，公司可能会减少借款投资，转向使用内部资金投资，或者调整投资结构，更加注重短期投资和回报稳定的投资。另一方面，在利率下降时，公司可能会借款投资，以利用低成本的资金来推动创新和扩大生产。

总的来说，高科技上市公司是推动经济科技创新、整体产业升级的重要力量。对于这类企业来说，货币政策的变化无疑会对其投资决策产生重大影响。了解并理解货币政策的影响，对于这些企业来说，不仅可以加强自身的策略布局和风险控制，对于投资者来说也具有极大的指导价值。

三、选取案例公司的基本情况介绍

在研究货币政策变动对高科技上市公司投资决策的影响中，一组具有代表性的案例是必不可少的。这些案例不仅能具体展示货币政策变动如何影响投资决策，更能使公司从中摸索出某种变动规律，在未来的决策中做到有的放矢。在选择案例公司时，本研究中主要考虑了公司的行业地位、经营情况和历史背景等多方面因素，即案例公司的基本情况。

本研究所选取的对象，都是在高科技行业内具有代表性的上市公司。这些公司旨在寻求技术驱动的创新，在行业内具备较高竞争力和影响力。所选取的案例公司包括了信息技术、生物科技、先进制造不同领域的高科技公司，以保证研究的全面性和代表性。

首先，信息技术公司的基本情况如下。该公司在全球范围内业务发展迅速，是全球最大的互联网公司之一。主营业务包括互联网广告、搜索引擎、云计算等。该公司的盈利能力强，市场份额大，是行业内的领头羊。近年来，公司通过技术创新，不断开发新的业务领域，并在全球范围内进行了大规模的投资活动。

其次，生物科技公司的基本情况如下。公司在医药行业和生物科技行业具有重要的地位，是全球领先的生物制药公司之一。主营业务包括生物药品的研发、生产和销售。公司拥有多个世界级的生物药品研发平台，并与多家全球顶级医药公司建立了战略合作关系。企业作出的一系列投资决策，几乎都受到了货币政策的直接或间接影响。

最后，先进制造公司的基本情况如下。该公司是全球重要的工具机制造商，产品广泛用于航空、航天、汽车、电子等行业。公司拥有一支世界级的工程技术团队，产品在全球范围内销售。近年来，公司通过技术创新和并购重组，大幅提升了产品竞争力和市场份额。货币政策的变动，直接影响了其外部融资的成本，从而影响了其投资决策。

以上就是所选取的案例公司的基本情况。这些公司在各自的行业内拥有重要的地位，他们的投资决策受到了货币政策的直接影响。本研究将通过这些案例，揭示货币政策变动对高科技上市公司投资决策的具体影响，提出有效的应对策略，以帮助企业在面对货币政策变动时，能够作出正确的投资决策。

四、选取案例公司的行业背景与地位

在研究货币政策变动对高科技上市公司投资决策的影响时，明确地了解所选案例公司所处的行业背景以及该公司在行业中的地位十分重要。专注于这个主题，本部分将主要讨论相关的行业内情和公司的竞争环境，在这个过程中，行业的竞争格局、主要的市场参与者、壁垒以及公司在这个环境中的角色和导向也将被充分阐述。

研究中选取的案例是公司 A，这是一家在国际领域享有盛名的高科技上市公司，主要从事某种具备高门槛的尖端科技产品的研发和销售。这个行业以其高度专业化和技术难度大的特性，吸引了一大批像公司 A 这样有实力和技术的参与者。行业内的竞争主要表现在技术更新换代的快速度和产品创新能力上。

正是因为这个行业特性，贸易或货币政策，例如利率变动、货币供应转移或贸易法规将极大地影响这些高科技公司。首先，高科技产业的特点就是高资金投入和不确定性。所以，货币政策对科技企业的融资成本影响较大，一旦政策变动，公司可能有必要作出战略上的调整。其次，这个领域的产品周期快，技术更迭速度快，货币政策也可能间接影响市场需求和消费者购买力，进而影响企业的盈利模式。

对于公司 A 来说，其在该行业中占据着重要的地位。其研发的产品具有一定的市场份额，且在用户群体中享有良好的口碑。然而，面对行业内的竞争以及货币政策变动可能带来的影响，公司 A 需要有强大的能力去适应和抵抗。在货币政策面前，无论是宽松政策下的低成本融资机会，还是紧缩政策下的高利率挑战，公司 A 都需要保持灵活且审慎的投资决策，怎样利用各种手段，诸如合理配置资源，或者寻找合作伙伴共享风险等去最大化公司利益，是一个值得深入讨论的问题。

而对于本书的研究而言，正是因为公司 A 的优秀和它在该行业异常的地位，它的成功与否、起伏变化无疑能为本研究提供宝贵的经验教训。对于公司 A 所采取的投资策略以及它如何面对货币政策变动的影响的研究，无疑将有益于深入理解货币政策在高科技产业以及更广泛的企业投资决策中的影响和作用。

五、选取案例公司的历史投资决策概览

在对所选择案例公司的历史投资决策进行概览时，首先需要理解的是，投资决策本身并非单一的问题，其包含了许多不同的元素和因素。例如，一个公司可能基于预期利润率、流动性、风险等各种因素来制定投资决策。由于货币政策变动可能会影响这些因素，因此理解公司的历史投资决策就变得尤为重要。

历史投资决策概览需包含公司的投资规模、投资范围、投资对象、投资方式以及其投资结果多个方面。投资规模意味着公司过去几年中在各项投资项中投入的具体资本规模，可描述公司对于投资的态度和倾向，以及表明其短期或长期的战略目标。投资范围则涵盖投资的领域或行业，能展示公司对于市场情况的理

解和预测，以及该公司的行业优势。投资对象关系到投资的具体目标，可能是产品、技术、服务或是其他类型公司。投资方式则是公司投资的手段和工具，包括直接投资、并购、股权投资等。投资的结果，指的是投资的回报或者收益，这既包括财务性的回报，也包括战略性的收获，如市场份额的扩大、技术的获取等。

对于选择的案例公司，可以尝试从其公开的年报和公告等信息中获取关于其历史投资决策的相关数据和信息。这既包括宏观的战略层面，也包括微观的实际操作层面。从宏观的角度看，需要了解公司历史投资决策的主要目标和战略意义，而从微观角度看，需要关注的是具体投资决策的逻辑和执行过程。

对于本研究来说，这样的历史投资决策概览对于理解货币政策变动的影响具有重要作用。可以通过比较货币政策变动前后公司投资决策的差异，窥视货币政策的变化对企业投资行为的影响。例如，如果货币政策在某一时期是宽松的，可以观察到对应时期企业是否增加了投资规模，扩大了投资范畴，或者改变了投资方式。反之，如果货币政策趋严，则需要探寻企业是否控制了投资规模，缩小了投资范畴，或者更换了投资方式。这样的对比和分析，将有助于理解货币政策如何通过影响企业的投资行为，进而影响整个经济的表现。

全面深入地理解企业历史投资决策的各个方面，并且将这些投资决策的转变与货币政策的变动相对应，这是在进行案例研究时必须要做的工作。只有这样，才能深入地理解货币政策变动对高科技上市公司投资决策的影响，从而对未来可能的货币政策趋势和上市公司的投资决策策略提供更为精准、科学的预测和建议。同时，也可以通过这样的研究，提升对于货币政策、公司投资决策以及宏观经济运行规律的理解和掌握。

六、货币政策变动的历史回顾

在探索货币政策变动如何影响高科技上市公司投资决策的过程中，必须先来回顾一下货币政策变动的历史，希望通过历史的回顾能够提供更多关于货币政策对高科技上市公司投资决策影响的洞察。

货币政策是一个国家调整货币供应量、控制经济增长和稳定物价水平的重要手段。货币政策的变动对任何企业，包括高科技上市公司的经济行为影响深远。

从最早的黄金交换制度，到现代的法定货币制度，货币政策的构成和影响力都不断变化。在现代经济中，央行通常使用多种工具来调整经济，例如，调整利率、短期信贷规模、外汇储备等，来控制通货膨胀，促进或防止经济过热。

对于上市公司来说，货币政策的变动会影响它们的资本成本和融资成本。例如，当政策利率上涨时，企业的融资成本会提高，这可能会导致投资减少，反之亦然。此外，对于高科技上市公司而言，它们在生产、技术开发、技术更新等方面都需要大量的资本投入，所以货币政策可能会对其投资决策产生一定的导向作用。

回溯历史，在第二次世界大战之后，国际货币基金组织（IMF）和世界银行的建立，使得全球货币政策开始走向全球化。而双重油价冲击、里根经济学的兴起以及20世纪90年代的金融危机等事件，都让已经全球化的货币政策变得更加复杂，为高科技上市公司的投资决策带来了新的挑战。特别是在金融危机的冲击下，伴随着量化宽松政策的落地，央行职能也开始从过去的"货币政策制定者"转变为"经济的守护者"。

在21世纪初，随着新经济的出现，以科技为主导的经济形态开始成为主导，货币政策变得更复杂，更具挑战性。尤其是"互联网+"以及人工智能、大数据、区块链等新兴技术的崛起，高科技公司的投资决策越来越依赖短期货币政策和长期货币政策预期。所以，对于高科技上市公司来说，理解和适应货币政策的变化，预测货币政策的走向，对于其投资决策的制定具有至关重要的影响。

在回顾了货币政策的历史变革后，可以认为货币政策变动对高科技上市公司投资决策的影响主要体现在通货膨胀、利率和资本成本上。而在新经济的背景下，这种影响可能会更为激烈。因此，对于高科技上市公司来说，关注货币政策的走向，提前作出投资决策的调整显得至关重要。

七、选取案例的货币政策环境分析

为理解货币政策如何影响投资决策，首先要对选取的案例进行详细的货币政策环境分析。分析的具体内容可以详尽联想，包括但不限于各个时期的利率水平、外汇政策、国内信用市场的发展状况、资金供应的情况以及对汇率稳定性和流动性状况的考察等。所有这些因素都可能影响到上市公司的投资决策。

对于任何一家公司来说，货币政策具有深远的影响力。首先是利率水平，这直接影响企业的投资行为。当利率较低时，借钱成本降低，对投资项目的负担减轻，这将鼓励更多的投资。相反，如果利率较高，借款成本过高可能会抑制企业的投资决策。

外汇政策也能影响上市公司的投资策略，特别是对于出口导向型和进口依赖型的公司而言。如果一国货币贬值，使得出口价格降低，出口导向型的公司可能增加投资以利用这一优势，反之则可能压制其投资。在这种情况下，外汇政策可能会成为公司投资策略的关键决定因素。

国内信用市场的发展状况对公司的投资意愿也可能产生影响。如果国内信用市场供应宽松，贷款可获取性强，则可能会鼓励公司进行投资。反之，如果信用市场拮据，获取贷款比较困难，则可能会抑制公司的投资意愿。

此外，汇率稳定性和流动性情况也是公司投资决策中需要考虑的一项重要因素。如果一国的货币稳定和流动性强，这将降低投资的风险，从而鼓励公司进行投资。反之，如果一国的货币流动性差或者汇率波动性大，这可能会增加投资的风险，从而可能会抑制公司的投资意愿。

货币政策的目标和工具，包括宏观经济管理工具（例如货币供应量、利率、汇率等）的使用和调整，以及在不同经济环境下的政策转变，这些都可能导致承受这些政策影响的企业对其投资决策作出相应的调整。因此，从货币政策的角度来看待和分析企业的投资行为，可以为研究打开一个全新的视角，揭示出更多信息和深层的规律。

对于具体的案例来说，分析其所处的货币政策环境是之后深入研究货币政策对投资决策影响的重要基础。这样，本书中不仅可以阐述货币政策对投资决策影响的理论框架，同时可以具体地揭示出在不同的货币政策环境下，上市公司可能做出的投资行为，并评估这些行为对公司自身以及整个国家经济发展的影响。可以说，这是对理论与实际相结合的一份最佳展现。

第二节 货币政策变动对案例公司投资决策的具体影响及分析

一、具体影响

（一）利率调整对案例公司的影响

货币政策变动，特别是利率的调整，对上市公司的投资决策有着直接和深远的影响。最具代表性的例子之一为所选的案例公司。此公司是一家高科技上市公司，其投资的主要区域为新技术的研发和商业化实施，因而高度敏感于外部经济环境和货币政策的变化。

利率作为货币政策工具之一，通常是中央银行为了调控经济增长、防止通货膨胀或是应对经济危机等情况而进行调整的，其变化对公司经营活动具有显著影响。当利率上调时，资金成本增加，如果此时公司有大规模的投资计划，会使得公司的财务压力增大，因此需要重新评估投资决策的盈利预期和风险，可能会导致公司推迟或取消投资项目。对于案例公司来说，这将直接影响其科技研发和商业化的进展甚至业务的连续性。

当利率下调时，借款成本降低，可以刺激企业扩大投资。在这种情况下，案例公司可能会选择增加研发投入，加速新技术的商业化流程，从而提高市场占有率和企业竞争力。此外，低利率环境还可能促使企业进行财务结构的调整，如增加负债以获得更多的投资机会。

然而，虽然低利率环境看似有利于企业扩大投资，但也会带来潜在的风险。例如，若利率下调过于刺激投资，可能会导致公司投资于一些风险较高的项目。一旦这些项目未能获得预期的回报，可能会导致公司面临大额的负债压力，甚至可能对公司的经营造成威胁。

另外，对于高科技上市公司而言，其投资决策不仅影响公司的经济效益，也关系到公司的战略定位和成长方向。因此，利率政策的调整，不仅仅是对公司经济行为的影响，更是对公司战略管理的考验。在遭遇利率上调、资金成本增加的压力时，公司需要更精确地核算其投资项目的盈利预期和风险，更加谨慎地进行投资决策。

综上所述，利率调整对案例公司的影响复杂且深远，不仅涉及公司的财务管理，对投资决策也有着重要影响。但需要明确的是，利率政策只是影响公司投资决策的众多因素之一，在实际的投资决策中，还需要综合考量其他诸如市场环境、公司战略、技术前景等多方面的因素，才能作出最优的决策。

（二）货币供应量变动对案例公司的影响

货币供应量变动是一个重要的宏观经济指标，它可以通过影响市场的利率和投资环境，对公司的投资决策产生关键影响。货币供应量变动对上市公司，尤其是高科技上市公司的影响显著，因为这些公司的投资决策经常需要巨额的资金支持。

货币供应量是指经济体系中流通的货币的总额，其增加或减少直接影响着市场的信贷和预期的通胀风险，从而影响着投资者的投资决策。一般来说，货币供应增加会导致资本市场的利率下降，进而鼓励投资者去扩大投资，反之则有可能压低投资活动。

当将研究视线转向高科技上市公司时，会发现货币供应量的变动对这类公司的投资决策影响更为明显。这是因为，一方面，高科技公司的研发投入和相关投资往往是大规模的，这就使得利率对于其投资决策具有很大的影响力。货币供应量的增加使得资本市场的利率下降，降低了高科技公司的融资成本，从而有利于公司扩大投资；反之则会抑制公司投资。

而另一方面，货币供应量的变动也会影响经济预期，进而影响高科技上市公司的投资决策。例如，货币供应量的增加可能会导致市场预期未来通胀的情况，这可能会对科技公司的融资和投资产生一定的压制作用，因为投资者在预期通胀的情况下可能会选择持币观望，企业融资难度加大。

当然，需要强调的是，货币供应量变动对高科技上市公司投资决策的影响并非绝对，其他因素如公司的经营状况、科技创新能力等也会对公司的投资决策产生重要影响。因此，在实际的投资决策中，高科技上市公司需要结合自身的实际情况，并参考货币供应量变动等宏观经济因素，作出最符合自身利益的投资决策。

以上就是货币供应量变动对高科技上市公司的影响。此话题牵涉到宏观经济变量和科技公司投资决策的关系，尽管其复杂性很高，但对公司管理者、投资者以及政策制定者来说，理解这一关系具有重要意义。总结而言，货币供应量的变动通过改变市场利率和投资环境，对高科技上市公司的投资决策产生显著影响。对于这些公司来说，需要在对资金成本和市场预期等多方面因素进行综合考虑后，作出最佳投资决策。

（三）存款准备金率调整对案例公司的影响

存款准备金率调整对案例公司的影响主题涉及货币政策变动对高科技上市公司投资决策的重要影响，具体而言，存款准备金率是货币政策的重要工具之一，通常由各国央行决定并执行。存款准备金率的变动直接影响银行贷款和企业投资，而高科技上市公司作为经济的活动主体，其投资决策又将对整个经济发展产生重要影响。

为了更深入理解存款准备金率调整对案例公司投资决策的影响，本部分从以下几个方面进行探讨：存款准备金率的概念及其调整对商业银行的影响，商业银行贷款能力对公司贷款的影响，存款准备金率调整对公司投资决策的影响。

存款准备金率，简单地说，是指商业银行存放在央行的一部分资金占银行各项存款余额的比率。假设存款准备金率提高，商业银行必须将更多的资金存入央行，可用于发放贷款的资金减少。反之，如果存款准备金率降低，商业银行能够发放更多的贷款。商业银行是经济活动的主要融资渠道之一，其贷款能力直接影响公司的投资资金来源。

商业银行的贷款能力是决定企业投资的重要因素之一。对于高科技上市公司来说，贷款是实施项目投资的重要资金来源。当存款准备金率下降时，银行可发放贷款增加，进而可能减小贷款利率，降低上市公司融资成本，增强公司的投资意愿。反之，如果存款准备金率提高，银行的贷款能力下降，可能导致贷款利率上升，提高上市公司的融资成本，从而影响公司的投资决策。

存款准备金率的变动不仅影响公司的贷款融资成本，还可能影响公司的投资风险和收益预期，从而影响公司的投资决策。当存款准备金率提高时，金融市场的资金成本可能一起提高，投资项目的投资回报率和风险均可能增大，公司可能对于高风险的投资项目产生更多的疑虑，导致投资决策更加保守。反过来，当存款准备金率降低时，公司可能有更大的冒险精神去实施有风险的投资项目。

以上的探讨和分析都清晰地指出，存款准备金率的调整会直接影响商业银行的贷款能力，进而影响高科技上市公司的融资成本、投资收益预期和风险承受能力，从而影响公司的投资决策。这正体现了货币政策，尤其是存款准备金率政策，并非孤立地存在，而是与企业的实际经营活动密切相连。各国央行在制定和实施货币政策时，需要深入考虑货币政策变动对企业投资决策的影响，同时也需要高科技上市公司适应货币政策的变动，尽可能减小负面影响，充分利用货币政策为公司的发展创造有利条件。

（四）货币政策新工具（如定向降准、SLF等）对案例公司的影响

货币政策新工具，如定向降准、存款准备金率、SLF（常备借款工具）等，对高科技上市公司的投资决策有着重大的影响。在货币政策新工具的运用过程中，央行的政策取向以及工具的使用方式对于高科技上市公司来说，相当于一个信号，这个信号会影响公司对于未来经济环境的预期，从而影响公司的投资决策。

以定向降准为例，这是中国央行自2014年开始运用的一种货币政策工具，主要目的是更精确地调控经济，满足特定行业或者区域的资金需求，提升流动性效率。当央行实施定向降准政策时，将减少特定银行的存款准备金率，使得这些银行的资金压力降低，从而能够提供更多的资金用于投资，包括投资高科技上市公司。这一点对于高科技上市公司来说是利好的信号，可能会激发公司增加投资，推动技术研发和市场拓展。

再如SLF，这是一种央行的短期流动性调节工具，主要用于缓解银行的短期流动性压力。当央行实施SLF政策时，商业银行能够在短期内获得更多的资金，提高了商业银行的资金使用效率，降低了银行的资金成本。对于高科技上市公司

来说，这种政策可能会使得银行对企业的融资更加宽松，使得公司可以以更低的成本筹集到资金，有利于公司的投资决策。

从浅层次来看，定向降准和 SLF 等货币政策新工具的作用主要体现在降低融资成本、缓解流动性紧张等方面，可以帮助高科技上市公司更好地应对经济波动，稳定投资计划。从深层次来看，这些新型货币政策工具的使用还反映了央行和政府对于支持高科技产业发展的决心，这对于改善公司的投资环境、稳定公司的投资预期有着重要的作用。

值得指出的是，货币政策新工具虽然可以在一定程度上影响高科技上市公司的投资决策，但其影响程度也受到许多其他因素的影响，比如公司的具体业务情况、市场环境、宏观经济状况等。因此，高科技上市公司在做投资决策时，也需要综合考虑各种因素，才能作出符合自身实际的决策。

综上所述，货币政策新工具对高科技上市公司投资决策的影响主要表现在以下几个方面：降低融资成本，增大投资空间；提高资金使用效率，优化投资结构；改善投资环境，稳定投资预期。然而，公司在做投资决策时，还需要综合考虑其他各种因素，才能作出有效的决策。

二、影响分析

（一）货币政策变动对案例公司资金成本的影响

货币政策变动在很大程度上可以影响企业的资金成本。对于高科技上市公司来说，这一影响更为显著。货币政策对于公司的资金成本影响主要体现在两个方面：刺激或限制企业集资的成本变化，以及改变企业内部保有现金的持有成本。

首先，谈谈货币政策对于企业集资成本的影响。货币政策的调整会影响到市场资金的供求情况，从而改变贷款项目的利率水平，这就会对企业进行债权融资产生影响。例如，当中央银行采取宽松货币政策，即降低存款准备金率或贴现率时，会提升货币供应，市场利率下降，增加了市场流动性，这使得企业的贷款成本下降，对于企业来说，能够以更低的成本获取更多的债权融资。由此会激励企业的投资行为。

相反，如果中央银行实行紧缩货币政策，提高存款准备金率或者贴现率，会使得市场上的资金供应受限，贷款利率上行，企业外部融资成本增加，这就会对企业的投资活动形成压制。也就是说，紧缩性的货币政策会限制企业的投资规模，进而可能导致企业减少投资，以至于影响其产值和利润水平。

其次，跟踪分析一下货币政策变动对企业内部现金持有成本的影响。企业必须保留一定的现金余额来应对支付和投资需求的波动，但持有现金又会带来一定的持有成本。这是因为在通胀的环境下，持有的现金会逐渐贬值。

当中央银行实行宽松的货币政策时，市场上资金的供给增加，可能就会引发或者加剧通胀，导致公司持有的现金价值下降，即货币的持有成本提高。反之，紧缩的货币政策可能会稳定或降低通胀水平，保值公司的现金价值，使得货币的持有成本下降。

针对这一变化，企业可以通过调整其资本结构和运营策略来应对货币政策的调整。比如在宽松的货币政策环境下，由于外部融资成本较低，企业可以选择更多地利用外部融资，尤其是债权融资进行扩张和发展，以降低内部现金持有的数量和成本。

深化认识货币政策变动对高科技上市公司资金成本的影响，有助于企业更好地适应、把握及应对货币政策的变动，为公司投资决策提供科学依据。这也有助于理解为何在货币政策调整期间，企业投资决策、融资决策以及公司运行策略出现波动与重大调整之时，能够使公司更好地适应市场环境的变化，实现公司价值的最大化。

（二）货币政策变动对案例公司投资回报预期的影响

关于货币政策变动对案例公司投资回报预期的影响这个主题，要理解货币政策的变动是一个非常重要的经济信号，对于高科技上市公司的投资决策与投资回报预期产生广泛而深远的影响。

在经济学理论中，货币政策是指为实现宏观经济目标，通过影响货币供应量和利率水平，来调节经济活动的重要工具。这个工具可以影响金融市场的资金供应与需求，进而影响整个经济运行的大环境。货币政策的变动无疑会产生立竿见影的反应，影响公司的投资决策。

对于案例公司而言，货币政策的变动会以多种方式影响其投资回报预期。首要影响体现在资金成本上。如果货币政策从宽松转为紧缩，资金的供应量减少，同时利率上升，这将导致企业贷款的成本攀升，新的投资项目的门槛提高，预期的投资回报率可能会降低。反之，如果货币政策从紧缩转为宽松，企业贷款的成本下降，可能会鼓励更多的投资行为，提高预期的投资回报率。

另外，货币政策的变动也会进一步影响到市场情绪和投资者预期。货币政策的宽松通常会增强市场对于经济前景的乐观预期，而这种乐观预期会推动股市上涨，提高公司的市场价值。反之，货币政策的紧缩可能会引发市场恐慌，导致股市下跌，降低公司的市场价值。

针对我国的高科技上市公司，其投资决策对货币政策的高度敏感性也有其特殊性。由于高科技产业往往需要大量的研发投入，这些投入在初期可能不会获得明显的经济收益，但在未来却可能为公司带来巨大的市场优势和收益。因此，一个稳定、预期性强的货币政策环境对于这些企业的长期投资计划至关重要。而一旦货币政策出现波动，可能就会影响到这些企业的投资计划，甚至会改变其对未来收益的预期。

此外，也需要提醒相关公司，尽管已经了解了货币政策变动对案例公司投资回报预期的影响，但在实际操作中应当谨慎对待。首先，货币政策的变动只是影响投资回报预期的一个因素，还有诸多因素，如市场竞争状况、技术进步、管理能力等也会对投资回报产生影响。其次，货币政策的变动也可能带来连锁反应，如可能导致经济周期的改变、产业结构的调整等，这些都有可能影响公司的投资策略和回报预期。因此，企业在作出投资决策时，应全面考虑各种因素，做到理性投资，避免过度追求短期利润，而忽视了长期发展。

总的来说，货币政策变动对高科技上市公司的投资决策以及投资回报预期有着重要影响。对此，企业应当高度关注，及时调整自身的投资策略，以便在不断变化的经济环境中，作出符合自身发展的最佳决策。

（三）货币政策变动对案例公司经营环境及市场预期的影响

货币政策作为国家经济调控的重要手段，其任何微小的变动都会产生波动效应，引发金融市场和实体经济的连锁反应，无疑对高科技上市公司的投资决策产生了巨大的影响。特别是在当今快速发展的科技经济时代，货币政策的微妙变化能对高科技上市公司经营环境及市场预期产生深远影响。

关于货币政策变动对案例公司经营环境的影响，其主要体现在以下几个方面。一是货币政策变动可能直接改变案例公司的经营环境。比如，如果央行选择紧缩性的货币政策，可能会导致社会上的货币供应减少，从而引发利率上升，进一步可能导致企业融资难度增加，影响其正常的经营活动。反之，如果央行采取宽松的货币政策，可能会增加社会上的货币供应，从而使得利率下降，可能会提高企业融资的积极性，进一步可能刺激企业投资，有助于公司扩张和增长。二是货币政策变动可能通过影响其他经济政策，间接地改变案例公司的经营环境。例如，货币政策经常和财政政策、工业政策等配合使用，以实现更好的经济效果。

对于货币政策变动对案例公司市场预期的影响，需要注意的是，市场预期并非单纯依赖于当前的经济状况，而是未来的不确定性和预期。货币政策的变动往往是未来经济走势的风向标，市场对此极为敏感。如果央行提前透露了货币政策将会收紧，企业和投资者可能会预期未来经济增速将会放缓，企业面临的经营风险会增加，投资者对股市的信心也可能会受到影响，证券市场可能出现下跌。反之，如果央行预示货币政策宽松，市场可能预期未来经济将会保持增长，企业面临的经营环境会改善，这将有助于提升投资者对股市的信心，可能推动证券市场上涨。

总体来看，一个国家的货币政策的制定和调整不仅仅是对一个国家宏观经济进行控制的重要工具，更是可以从微观层面对上市公司投资决策产生关键影响的因素。因此，高科技上市公司应密切关注和准确把握货币政策变动的趋势和动向，这是其作出精准投资决策，保持稳定发展的重要保障。

第三节　案例启示与对比分析

一、启示

（一）货币政策对高科技上市公司投资决策的影响机制

货币政策对高科技上市公司投资决策的影响机制是一个至关重要的问题。本部分将通过对货币政策、高科技上市公司投资决策及其相互关系的探讨，来追寻货币政策如何影响上市公司的投资决策，以便更好地理解这个机制。

货币政策是由中央银行或货币当局制定的对货币供应及利率进行管理的政策，目的是通过调控信贷和货币供应规模，以实现经济稳健增长，抵御通胀和经济衰退。在货币政策中，最常用的工具有公开市场操作、再贷款利率调整、存款准备金率设定等。这些工具的运用，直接影响了经济中的货币供应量和信贷成本，进而对实体经济活动，包括企业投资活动产生深远影响。

高科技上市公司，受益于其产品的技术含量高、更新换代的速度快等特点，往往需要不断投资进行研发以保持其市场竞争力。这些投资的决策，与企业的经营环境紧密相连。其中，货币政策是影响企业投资决策的最关键的外部因素之一。

那么，货币政策是如何影响高科技上市公司的投资决策的呢？这就要了解货币政策对企业投资的影响机制。一是货币政策通过调整经济中的货币供应量和资金成本，影响企业的投资预期。具体来说，货币政策的宽松，即实现了信贷的廉价与良好的市场流动性，如果投资者预计有赚钱的机会，则愿意借贷投资，从而投资项目的资金来源得到保证；货币政策紧缩时，那企业就会面临更高的资金成本，这可能会打压企业的投资预期。二是货币政策还会影响到企业的盈利预期。当预期未来市场环境向好、货币政策宽松、经济增长稳健时，公司的盈利预期也更积极，这往往会驱动企业进行更多的投资。

对于高科技上市公司而言，理解货币政策对投资决策的影响机制是非常重要的。货币政策与企业投资决策间的关联并非线性的一一对应，而是较复杂的影响链条。货币政策影响企业投资预期，而投资预期再反过来影响企业的实际投资行为。因此，在分析货币政策对高科技企业投资决策的影响时，要充分考虑到这种影响链条的复杂性。

另外，还需考虑到，高科技企业由于其业务特性，相比于其他类型的企业，对货币政策的敏感度可能会更高。因为它们的研发投资往往需要大量资金，且投资回报周期较长，所以在货币政策发生变动的情况下，它们的投资业务对此的反应往往会更强烈。

所以，从上述分析可以看出，货币政策对高科技上市公司投资决策的影响机制是多方面的，不仅直接通过信贷和货币供应来影响企业的投资预期和盈利预期，还会通过各种间接渠道，如市场环境的变化、经济预期的波动，影响企业的投资决策。而这些因素相互之间构成一个复杂的网络关系，影响着企业的投资行为。

因此，对于高科技上市公司来说，理解并把握好货币政策对投资决策的影响机制，对于他们作出精准的投资决策有着重要的作用。而对于行业的监管者、投资者以及其他利益相关方而言，理解这个机制，也有助于他们从更深层次上洞察这个行业的运行状况，从而作出更为科学和合理的决策。

（二）货币政策调整对高科技上市公司的直接影响

在货币政策的影响研究中，其对高科技上市公司的直接影响部分，需要特别关注。货币政策调整时，高科技上市公司对此的反应是行业内最直接、最敏感的一个方面，也可以反映出货币政策的微观影响力。

货币政策作为调控宏观经济运行的重要手段，一经改变，立即会引起金融市场和实体经济的广泛关注。而高科技上市公司，作为一类风险较高、对经济环境变化敏锐的企业，对货币政策的改变更为敏感，其立即的反应可能在股价、业绩和投资行为几个方面显现。这些反应，反过来，又对社会的观感、投资者的决策，甚至对未来可能的货币政策产生影响。

直观而言，货币政策的调整直接影响着企业的融资成本。如果央行加息或采取紧缩政策，资金的价格就会上升，这种上升会直接导致企业的融资成本增加。在高科技上市公司中，尤其是初创公司或者成长性较强的公司，对于融资成本的敏感度更高，因为它们大多对外部资金有着旺盛的需求。因此，货币政策的调整会直接影响这些企业的融资成本，进而影响它们的投资决策。

但是，影响并不仅仅在此。与此对应的是，货币政策的松紧变化会影响市场上的现金流动。如果央行采取宽松的货币政策，市场上资金相对会流动性好，也就意味着寻找投资机会的资本更多，使投资者更有可能有额外的资金用于投资高风险、高回报的高科技上市公司。

还有一个重点是，货币政策与通货膨胀和经济周期息息相关。当处于经济周期的顶峰或者正在走向低谷时，通常央行会更倾向于采取紧缩政策，而在经济增长放缓或者处在衰退期时，央行则会更多地采取宽松政策。而高科技上市公司的盈利能力、发展前景以及内在价值等，都会随着经济周期的变化而变化，对货币政策的调整，同样会有不同的反应。

此外，需要对比研究各国的货币政策对高科技上市公司的影响。由于不同国家在制定和执行货币政策时，会受到其国内经济结构、金融体系、货币政策执行机制等因素的影响，因此，各国的货币政策对高科技上市公司的影响具有异质性。在研究中，需要特别注重不同国家货币政策的对比和分析，才能得出更为深刻和全面的结论。

货币政策、经济周期和高科技上市公司的投资决策之间，存在着复杂而微妙的关系。解析和揭示这种关系，需要深入理解货币政策的内涵和影响机制，更需要善于观察企业的实际行为，明了企业投资决策的动态变化。通过案例研究可以发现，货币政策对高科技上市公司投资决策的影响既具有普遍性，又具有特殊性。而这些影响对理解和预测高科技上市公司的行为提供了宝贵的启示和借鉴。

（三）货币政策调整对高科技上市公司的间接影响

货币政策调整对高科技上市公司的间接影响作为研究的核心主题，有其深远的影响和重要的启示。货币政策，主要包括货币供应量、利率和汇率等的调控，是影响整个经济运行的重要策略之一。对于高科技上市公司来说，货币政策的调整将通过各类经济和金融渠道间接影响其投资决策。

一方面，货币政策调整可能影响上市公司的投资成本。如利率的调整，可以影响公司的筹资成本。在政策的宽松阶段，由于利率的下降，公司可以通过发债、银行贷款等筹资途径获取较低成本的资金，这对于投资决策有着潜在的积极影响。而在政策的紧缩阶段，由于利率的上升，公司筹资成本增加，可能会导致一些项目的预期收益因筹资成本上升而无法覆盖，从而调整投资决策。

另一方面，货币政策调整可能通过影响实体经济的运行状况，间接影响上市公司的投资环境。例如，政策的宽松有利于经济活动的开展，可以促进消费和投资，为上市公司提供良好的市场环境；反之，在政策紧缩时，经济活动可能会受到抑制，市场环境恶化，上市公司需要重新考虑其投资决策。

而在全球化的今天，汇率政策的调整也不容忽视。高科技上市公司多有海外业务，汇率波动将影响其业务的收益。在汇率波动较大的情况下，公司可能要考虑汇率风险对投资决策的影响。

货币政策对高科技上市公司的影响并非只在短期，更有深远的长期影响。例如，政策环境的稳定性将影响公司的长期规划，而政策的不确定性可能会导致公司对未来的预判产生困扰，影响其长期投资策略。

因此，在面对货币政策调整时，高科技上市公司需要关注其可能带来的间接影响，对投资决策进行谨慎的思考和分析。公司需要始终关注市场的动态，及时了解和解读政策调整的信息，从而更好地制定投资决策，既可以抓住政策调整带来的机遇，也可以规避可能的风险。

经过对货币政策调整对高科技上市公司间接影响的研究，了解到货币政策作为宏观经济的重要工具，不仅对宏观经济状况有直接影响，也对每一个上市公司产生深远的影响。因此，每一个公司都需要关注货币政策的动态，以便作出适应的投资决策。

（四）货币政策变动的预警效应在投资决策中的应用

货币政策是指国家货币当局影响宏观经济运行的一种手段，它通过改变货币供应量、调整货币供求关系，从而影响通货膨胀、经济增长等宏观经济变量。货币政策有刚性货币政策、富有弹性的货币政策等各类不同表现。而预警效应，一般是指某种现象、事件或数据变动在发生重大冲击或转折前，往往会出现一些特定的变化，这些变化可以作为即将到来的事件发生的警示。

以华为为例，该公司积极引入新的生产性投资，助力公司技术创新与市场扩展。然而货币政策的适时变化也成为该公司重要的决策参考。例如，2008年全球金融危机发生，中国央行遂实行货币政策宽松，放水激活经济，可是这可能会带来通货膨胀和资产价格泡沫。作为公司，不能一味拥抱低利率的金融环境，那么，货币政策预警效应在投资决策中的应用就显得尤为重要。

在投资决策过程中，货币政策变动的预警效应可以从以下几个方面进行应用。

从宏观经济预测角度，通过对货币政策的分析，公司可以对未来经济环境进行预判，比如预测未来价格水平、汇率走势等，这对公司投资决策至关重要。比如，如果预期未来通胀率上升，公司可能会提前进行设备购买和原材料囤积，从而降低未来的生产成本；如果预期未来人民币对美元贬值，需要使用美元支付的公司可能会提前购买外汇。

从公司内部运营角度，通过敏感度分析，可以实时监测货币政策变动对公司财务状况的影响，这将有助于公司对未来的风险进行规避。比如，如果预期未来利率上升，那么公司可能会提前偿还债务，以减少未来的利息支出；反之，如果预期未来利率下降，公司可能会选择放缓偿还债务，这样就能在未来以更低的利率偿还。

从公司并购决策角度，货币政策预警可以及时预测并购市场的热度，协助决策者掌握最佳的并购时间。如清晰预测到货币政策收紧为近期趋势，贬值压力将随之增大，则可以扩大并购规模，提前锁定优秀资产。

总的来说，货币政策变动的预警效应在投资决策中的应用是多层面、多角度的。这种预警效应要求高科技上市公司有深度的货币政策分析能力，而且必须有灵活的应对措施，这样才能在激烈的市场竞争中立于不败之地。借助预警效应，不仅可以避免无谓的损失，还可以提前规避风险，抓住机会，从而实现投资收益最大化。

（五）货币政策变动的风险管理在投资决策中的重要性

货币政策变动的风险管理在投资决策中的重要性是一个引人注目的主题。

贯穿本书的整个目标，即理解货币政策变动如何影响高科技上市公司的投资决策，这个启示更是深入微观层面，考察经济政策调整对公司战略选择的影响。

在深入探讨货币政策变动的风险管理在投资决策中的重要性之前，需要先定义一下货币政策以及风险管理的概念。货币政策，是指国家货币当局为了实现特定的宏观经济目标，通过操控货币供应量或者利率而形成的总体政策。而风险管理，则是企业为了规避或者降低可能遭受的损失，提前分析、评估风险，并采取对应的策略。

探讨、分析货币政策变动的风险管理及其在投资决策中的重要性，即便在知道这两个概念后，也仍然显得复杂且关联性强。因此，将它拆分为两大部分进行分析：一部分是货币政策的变动情况以及给企业带来的风险，另一部分是风险管理在企业投资决策中的作用。

看到货币政策的变动，第一个让人想到的风险不外乎是利率风险。货币政策的一个重要手段就是调整短期利率，而这将直接影响经济中的利息水平，进而影响债券价格、股票收益等。高科技企业一般具有较大的投资需求和债务，因此对利率风险的管理尤为重视。节俭的货币政策会跟着提高企业的负债成本，压缩其利润空间；而宽松的货币政策则可能带来通货膨胀，造成企业的购买力下降，同时也会导致人们对投资的预期与现实产生较大落差。

另外，货币政策的变动会造成流动性风险。如果货币政策从宽松转为紧张，会引起市场资金紧张，从而可能使企业过早地解散一些有价值的项目，影响长期业绩。反之，如果货币政策由紧转松，可能会导致过多的资金投向不那么有前景的项目，浪费资源。

进一步来说，货币政策的变动还会引发市场情绪和预期的变化，这种变化对高科技上市公司的股价有直接的影响，而股价的波动又会带来一系列连锁反应，如股东信心下降、融资困难、扩张计划受阻等。

在这些风险面前，风险管理就显得尤为重要。由于风险无法彻底消除，但可以通过管理实现最优化，且作为公司管理的一部分，风险管理的优劣直接影响到公司绩效，尤其是长期绩效。好的风险管理体系不仅能够提高公司的风险抵御能力，还能帮助公司在不确定的经济环境中找到投资的机会。在风险管理的过程中，公司需要不断跟踪市场信息，分析并了解货币政策的走向，这样才能在投资决策时作出明智的选择。

在风险管理的框架下进行投资决策，也有助于提高投资的效率，因为考虑到风险因素，在投资项目的选择上会更加谨慎，投资的收益也会更加稳定。为了达到最好的风险管理效果，公司需要建立完善且适合自身的风险管理体系。这样就能在货币政策调整、市场环境不断变化的情况下，适应变化，作出最佳的决策，以实现公司的长期持续发展。

因此，货币政策变动的风险管理在投资决策中的重要性不言自明。无论是对货币政策变动的应对，还是对投资决策的影响，都在提醒公司需要在瞬息万变的环境下，时刻保持警惕，以应对各种可能出现的情况，以达到公司利益的最大化。

二、对比分析

（一）货币政策变动影响程度的行业差异

货币政策在不同的经济阶段和环境中呈现出不同的特点和变动，而不同行业在面对货币政策变动时，其感受程度也会因其业务性质，市场环境以及行业特性的不同而表现出差异。

在研究货币政策变动对高科技上市公司投资决策的影响时，需要特别关注这种行业差异。高科技行业在经济结构中具有重要地位，充满了创新和变革，能够在短时间内产生巨大的经济效益。然而，其在很大程度上受货币政策的影响，尤其在投资决策方面。当货币政策变动时，上市公司的融资成本、资本结构、现金流和投资风险都会受到影响，从而影响了投资决策。

首要考虑的是货币政策变动对高科技公司的融资成本影响。典型的货币政策，如利率调整，通常会直接影响公司融资成本。当利率上升时，上市公司获得资金的成本会增加，这可能抑制部分企业的投资热情，从而对公司的投资决策产生影响。特别是对于高度依赖外部融资的高科技公司来说，高利率环境可能会对其投资行为产生更为明显的抑制效应。

其次，货币政策变动也可能影响公司的资本结构。货币政策的松紧会直接影响企业的债权融资和股权融资选择。在货币政策宽松的环境下，企业更趋向于选择债权融资。反之，在货币政策紧缩的环境下，企业可能更倾向于股权融资。这种资本结构的调整，无疑会影响公司的投资决策。

再次，货币政策变动对企业现金流的影响也不容忽视。当货币政策松紧变动时，上市公司面临的经济环境也将随之变化，这可能影响到公司的现金流。若公司现金流受到影响，其投资决策也将受到影响，如投资规模、投资时间等。

最后，货币政策的变动会对投资的风险产生影响。在面临货币政策紧缩的情况下，高科技上市公司需要承担更高的财务风险和市场风险，而在货币政策宽松的情况下，这些风险可能降低。

从这些角度来看，各行业在面对货币政策变动时，一定会有所区别，而这种区别在高科技行业尤其明显。因此，在分析货币政策变动对高科技上市公司投资决策的影响时，必须充分考虑行业差异，并深入研究其背后的原因。在经济实践中，高科技上市公司必须伴随货币政策的变动，灵活调整自己的投资策略，以保持良好的发展势头。

（二）货币政策变动影响程度的国家／地区差异

货币政策变动在不同的国家和地区对高科技上市公司的投资决策产生的影响差异，是本分析中最重要的研究点。

在金融市场全球化、金融创新活跃、信息传播速度极快的现代环境下，货币政策的变动不仅仅影响着本国的经济活动，而且还越来越强烈地影响着全球的金融环境和投资决策。然而，货币政策的具体影响程度和影响方式与目标国家和地区的经济、金融、政策环境有着密切关系。因此，本部分将对比分析几个具有代表性的国家和地区来探讨货币政策变动影响程度上的国家／地区差异。

美国是全球最大的经济体，其货币政策对全球经济的影响深远。美联储的货币政策调整不仅会影响美国本期内的经济表现，而且会对全球的投资环境和高科技上市公司的投资策略带来直接的影响。由于美国在全球经济中的关键角色，以及美元在全球金融体系中的核心地位，美联储的货币政策调整在全球范围内产生了巨大的回响。

相对之下，中国作为新兴经济体，其货币政策调整对于高科技上市公司而言，影响将更多地体现在本国范围之内。然而由于中国经济的快速发展，中国货币政策的调整也越来越引起国际市场的关注。在中国，货币政策的调整主要反映在人民银行所做的公开市场操作以及对存贷款基准利率的调整上。这将影响中国的信贷环境，进而影响公司的投融资成本，从而影响公司的投资决策。

欧洲作为另一大经济体，也是注意的焦点。欧洲中央银行（ECB）的货币政策调整也可能影响到公司的投资决策。尤其是在全球金融危机后，ECB实施了大规模的定量宽松政策，这一政策在全球产生多重影响，包括在欧洲内部造成的低利率环境，进一步推动了高科技上市公司的投资活动。

每个国家和地区的货币政策调整都将对那些活跃在这些国家和地区的高科技上市公司的投资决策产生影响，但是这种影响的程度和方式取决于该国和地区的经济、金融、政策环境，以及这些公司的具体业务模式和业务布局。由此可见，不仅要了解货币政策的逻辑和变动规律，更需要根据具体的环境和条件，进行深度研究和叠加分析。而这种研究和分析工作将会对高科技上市公司的投资决策起到积极的推动和引导作用。

（三）货币政策变动影响程度的企业规模差异

这是深入理解货币政策变动如何影响高科技上市公司投资决策的一个重要方面。在整个分析过程中，将提出关于不同规模公司如何受到货币政策变动影响的一些观点和信息，以便更好地了解这个问题。

不同规模的企业受到货币政策变动的影响程度，是一个值得探讨的问题。这是因为在经济全球化的背景下，货币政策对企业的影响不再局限于国内的经济环境，而是波及全球范围，进而影响到的不仅是企业的生产经营决策，更是与其相关联的企业、投资者等利益主体。

给定一个特定的货币政策，可能会看到两个完全不同规模的企业在接受这个政策变动的影响时产生完全不同的反应。例如，对于一些特定的货币政策，大型企业可能会容易应对，因为它们的运营规模大，财务状况稳定，而小型企业可能就会面临更大的冲击。这是因为小型企业通常财务结构较为脆弱，对外界的政策变动敏感度较高。

那么，货币政策变动如何影响不同规模的企业呢？从对大量企业的研究和分析来看，大规模的企业受到货币政策变动的冲击通常较小。这是因为大规模企业有更大的市场份额和更强的市场地位，同时具有更雄厚的财力和更多的资源，使其能够更好地抵御外界因素的冲击。而在货币政策变动面前，小规模的企业经常面临更大的困难。这不仅表现在它们可能更容易受到利率变化的直接影响，同时也包括对其供应链、市场需求等方面的间接影响。

尽管大规模企业在应对货币政策变动上有更大的优势，但这并不意味着它们就可以忽视货币政策变动的潜在影响。事实上，这些大规模的企业还需要密切关注货币政策的变化趋势，同时也要积极进行风险管理，以尽可能地减小货币政策变动带来的影响。

通过对比研究，发现在面临货币政策变动时，不同规模的高科技上市公司存在着显著的影响程度差异。这主要表现在大规模公司因其强大的抗风险能力和灵活的管理方式，相对小规模公司来说，受到货币政策变动的影响程度更大。因此，货币政策制定者在制定或调整货币政策时，需要考虑到这种差异，以避免对企业的健康发展产生不利影响。

综合以上分析，货币政策变动对不同规模公司具有不同程度的影响。制定和实施货币政策时，必须考虑到这个因素，以减轻对小企业的影响并优化大企业的效果。通过对比分析，可以更好地理解和探讨这个问题。

（四）不同货币政策工具对高科技上市公司投资决策的影响差异

货币政策的选择与运用无疑影响到企业，特别是高科技上市公司的投资决策。当深入研究时，会发现不同的货币政策工具对高科技上市公司的投资决策产生的影响是存在差异的。

货币政策工具一般包括三种类型：公开市场操作、再贴现率调整和存款准备金率调整。这三种工具对高科技上市公司投资决策的影响差异首先来自它们在金融市场中的效应差异。

公开市场操作是央行通过购买或出售国债来改变银行体系的资金供应，进而影响市场利率的过程。对于高科技上市公司来说，其关注的是市场资金的供应与成本。因此，公开市场操作的主要影响就是改变了公司的融资条件，增加或减少了公司投资决策的选择空间。

再贴现率调整主要体现在银行的主动贷款上。当央行提高再贴现率时，银行的主动贷款成本提高，银行会加大对企业的贷款成本，从而抑制高科技上市公司的投资欲望。反之，当央行降低再贴现率时，银行贷款成本降低，银行可能会降低对企业的贷款成本，从而刺激高科技上市公司的投资欲望。

存款准备金率是指商业银行将其客户存款存放在中央银行的比例。当央行提高存款准备金率时，银行可用于贷款的资金就减少了，这对高科技上市公司的投资决策产生抑制作用。反之，当央行降低存款准备金率时，银行可用于贷款的资金就增加了，就会刺激高科技上市公司的投资决策。

这三种货币政策工具的运用会对高科技上市公司的投资决策产生显著的影响。进一步的，不同货币政策工具的运用对公司投资决策的影响也存在显著的差异。

再贴现率调整和存款准备金率调整与公开市场操作相比，对公司的投资决策影响相对直接，公司对此更为敏感。公开市场操作对公司投资决策的影响则相对间接，公司对此的敏感度较低。但这并不是说公开市场操作的影响可以忽略，只是在制定投资决策时，高科技上市公司会首先从再贴现率和存款准备金率的变化中寻求投资的信号。

综合来看，货币政策的变动对高科技上市公司投资决策的影响是多元和复杂的。高科技上市公司在制定投资决策时，需要深入研究和理解货币政策的运营机制和货币政策工具的具体效应，以更好地把握投资的时机和方向。

◇ 第五章 ◇

货币政策与高科技上市公司投资决策的国际比较研究

第一节　国际货币政策的实践与比较

一、西方经济体的货币政策实践

西方经济体的货币政策实践以主要经济体，包括美国、欧洲和日本为主，这些国家的货币政策实践对于全球金融市场的稳定和经济发展具有重大影响。其中，美国的货币政策实践是全球最具影响力的因素之一。

美国联邦储备体系（FED），作为世界最大和最具影响力的经济体的中央银行，其货币政策对全球经济影响深远。通过公开市场操作、折扣率调整以及存款准备金率设定，美联储在广泛的经济环境中采取了一系列的货币政策。作为全球最大的金融市场，美国货币政策的微小调整都可能引发全球金融市场的巨大波动。

欧洲中央银行的货币政策实践也是不可忽视的一环。欧洲中央银行旨在维持价格稳定，通过调控欧元区的资金供应来达到这一目标。欧洲中央银行的主要手段是利率，包括定期融资操作利率、存款设施利率和隔夜贷款设施利率。改变这些利率可以改变商业银行和其他金融机构的行为，从而影响整个欧元区的经济。

日本是世界第三大经济体，日本的货币政策实践亦对全球金融市场产生重大影响。日本央行对货币政策的实践独具特色，常常被视为超常规货币政策的先驱。多次经济衰退和长期防范通货紧缩的挑战使得日本央行不得不采取一些创新的货币政策工具，包括零利率政策、量化宽松政策和负利率政策等，甚至直接干预股票和其他资本市场。

这些西方经济体各有各的货币政策实践特点和实践经验，为研究和理解货币政策提供了丰富的实证素材。然而，研究货币政策不能只注重经验的堆砌，而应注重从中提炼和总结出适应本国经济发展阶段、发展模式和特定内外部环境的货币政策调控思路和工具。

一国的货币政策，其实质是一个动态的政策调整过程，通过这一过程实现包括稳定物价、充分就业、经济增长和贸易平衡等在内的多元目标。通过对西方经济体的货币政策实践进行比较和分析，可以为我国未来的货币政策制定提供启示和借鉴，同时，也能为更好地理解货币政策对高科技上市公司投资决策的作用和影响提供理论和实践的参考。

由于全球金融市场的高度一体化，任何一个经济体的货币政策变动都可能对其他国家产生影响。因此，在制定和执行货币政策时，各国应积极适应全球金融环境的变化，增强货币政策的前瞻性和灵活性，以更好地把握经济发展机遇和应对各种风险挑战。同时，对于高科技上市公司而言，对于货币政策的理解和布局也将对其投资决策产生重要影响。

二、并购与货币政策的关系

并购与货币政策的关系是一个多元的、具有深远影响的现象。在国际经济生活中，货币政策与并购行为都是一个国家、地区乃至全球经济活动中的重要元素，两者之间的关系可以说是息息相关，相互影响。

首先，货币政策的宽松或紧缩直接影响并购事件的发生率。在货币政策宽松的时期，资金供应增多，借贷利率降低，资金的获取成本降低了，这对于企业并购行为是有刺激作用的。企业可以通过借款方便地获取资金，利用资金优势实施并购，改变市场竞争格局，提高市场份额。相反，在货币政策紧缩的时期，资金供应减少，借款利率提高，进一步提高企业的资金融通难度，也会带来较大的借款风险，从而抑制企业的并购意愿。

其次，货币政策对并购的支付方式也有一定影响。货币政策透明度高的时候，市场的信息不对称降低，企业更愿意选择以现金支付方式实施并购，而在货币政策透明度低的时候，企业则更多地选择用股票换股的方式进行并购。

最后，货币政策对并购行为的影响也表现在行业层面。在一些重资产行业中，因为产业链长，资金需求巨大，对于货币政策的调整更为敏感。而在高科技产业中，尽管依赖于对创新的持续投入，但是对于并购资金的需求相对较小，所以对于货币政策变动的敏感度相对较弱。这表明，货币政策对不同行业并购行为的影响也存在差异。

总的来说，货币政策和高科技上市公司并购活动密切相关，货币政策的变动会直接影响并购的决策。货币政策对公司并购行为所产生的影响是具有时效性的，既关乎经济周期，又关乎时间跨度。也就是说，货币政策和并购行为是两个有机互动的过程，这两者的关系也会在经济周期、市场环境以及货币政策自身的演进等多重因素的影响下持续发展和变化。

并购行为与货币政策深度融合，是当前国际金融市场的一大趋势。目前来看，全球范围内的并购活动频繁，而经常作为并购活动主体的高科技上市公司，对于货币政策的敏感度也在不断提高。

因此，必须抓住这个趋势，一方面，深入研究并购与货币政策之间的关系，尤其是在不同货币政策下并购行为的特点与模式变化；另一方面，也要对货币政策进行科学合理的设计和调整，通过对货币政策的微调，来妥善引导和规范并购活动，实现经济的稳步发展。在这个过程中，除了宏观层面的货币政策调整，更重要的是要结合实际，对高科技上市公司的并购行为进行深入研究，从而提升对并购与货币政策关系的了解，为高科技上市公司并购提供更为精准的策略建议。

三、货币政策对于国际高科技公司决策的影响

货币政策对于国际高科技公司的决策产生了重大的影响。一方面，货币政策的调整会带动经济环境的变动，从而影响到公司的投资决策；另一方面，货币政策也会影响到资本市场的运行，给企业带来间接的影响。具体来说，可以从以下几个方面来探讨这一主题。

在全球经济中，货币政策无疑是影响经济稳定性的重要因素。央行通过调控货币政策可以引导利率水平，进一步影响到企业的投融资决策，也就是说，利率的上升使得借款成本增加，会制约投资活动的开展；反之，利率的下降则可能会刺激投资活动。

此外，货币政策调整不仅影响实体经济，更会影响到资本市场。比如，紧缩性货币政策可能会导致资本市场的流动性降低，股票价格下降，而股票价格的下降可能会引发市场的恐慌，加剧市场的波动性。这样的市场环境会对上市公司形成压力，尤其是高科技公司，由于这类公司投资的不确定性较大，所以在市场不稳定的情况下，这类公司的股价可能会受到较大的影响，这将进一步影响公司管理层的投资决策。

在各国关系日益紧密相连的今天，货币政策的国际比较研究更显重要。不同国家的货币政策决策及实践对不同国际高科技公司的投资决策影响各异。一个国家如果采取扩张性货币政策，可能会通过降低利率来降低公司的融资成本，使得投资环境得到优化；而在另一个国家，如果采取紧缩性货币政策，可能会使融资成本上升，对公司的投资环境造成压力。因此，高科技公司在作出投资决策时，不仅要考虑本国的货币政策，还应关注其他经济体的货币政策变动。

此外，货币政策对于国际高科技公司决策的影响也表现在对公司业务模式、结构和战略的影响上。以科技行业为例，行业的发展速度快，且需要大量资金投入，对货币政策敏感度高。当货币政策紧缩时，这些公司不仅面临融资成本上升的压力，而且还可能会面临业务模式、结构和战略调整的挑战。反之，货币政策宽松时，这些公司可能会有更充足的资金用于创新和研发，有利于公司业务和结构的优化，也有利于公司战略的执行。

因此，无论是在大的经济环境下，还是在企业的运营管理中，货币政策对

高科技公司的投资决策都有着重大的影响。公司决策者需要密切关注货币政策的变动，以便及时作出调整。并且，理解货币政策对公司决策的影响，对于公司发展的战略规划也显得尤为重要。

四、亚洲市场货币政策实践及其影响

货币政策是一个国家宏观经济管理的重要工具之一，影响着整个经济生态，尤其是高科技上市公司的投资决策，如融资成本、投资回报等。许多经济学家和商业领袖相信，货币政策的改变可能会对企业的投资和拓展策略产生直接或间接的影响。

亚洲市场深受货币政策的影响。亚洲市场中价格稳定，尤其是大类物价和货币供应的稳定，被视为货币政策的首要任务。这不仅有助于保持经济的稳定，对于吸引外资，尤其是高科技上市公司的投资至关重要。这是因为经济稳定降低了投资的风险，而低风险使投资在潜在回报方面更有吸引力。

然而，亚洲货币政策在某些情境下也会对投资产生负面影响。例如，当前全球化背景下，封闭的货币政策或对外资限制可能抑制外来投资，以至于阻碍亚洲市场的发展。同时，失败的货币政策或过于激进的货币政策可能破坏经济稳定，增加投资风险，导致投资者撤离。

为深入研究亚洲货币政策对高科技上市公司投资决策的影响，还需详细分析各国的货币政策及其实施方式。在亚洲，不同的国家根据各自的经济特点和需求制定了不同的货币政策。例如，中国实行了稳健的货币政策，以确保经济的长期稳定。而韩国和日本则使用积极的货币政策以促进经济增长。这些国家的货币政策对其本国的及已上市的高科技公司的投资决策都产生了深远的影响。

亚洲市场的货币政策实践表明，货币政策的主要目标是保持经济的稳定和增长，但在特定的情况下，也需要进行适度的调整。这意味着在制定和执行货币政策时，需要充分考虑其对商业环境，尤其是对高科技上市公司投资决策的影响。

在未来，随着研究的深入，货币政策将可能作为关键工具对经济产生更直接的影响。同时，随着全球化的深化和经济相互依存性的增强，每个国家的货币政策就不再是一个孤立的决定，而是会在全球范围内产生影响。因此，更加理性、精细化的货币政策管理，对于保持经济稳定，进而影响到高科技上市公司的投资决策，具有重要的意义。

总体来看，亚洲市场的货币政策实践及其影响是一种宏观与微观、经济与企业投资策略相互交织的复杂系统。在这个系统中，货币政策既要考虑到总体经济的需求，又要考虑到具体的企业和行业如何适应这些政策变化。尤其是针对高科技上市公司，货币政策的微妙变化可能会对其投资决策产生深远的影响。因此，对亚洲市场的货币政策实践及其影响进行研究，对于理解货币政策如何影响高科技上市公司的投资决策，具有重要的理论和实践意义。

五、货币政策的跨国比较

货币政策的跨国比较，扩大了研究视野，顺应当今金融全球化时代的趋势，系统地阐述了货币政策在不同国家和地区的实施、比较和分析。从货币政策的尺度看，这不仅包括常规的货币政策工具，如基准利率政策和储备率政策等，也涉及非常规的货币政策工具，如量化宽松政策。

在常规货币政策工具中，通常有开放市场操作、贴现率政策、储备金率政策等。其中，开放市场操作是中央银行通过买卖政府短期债券影响货币供应量，贴现率政策是中央银行通过改变商业银行借贷基准利率来达到其货币政策目标，储备金率政策是通过改变商业银行的储备金比例来影响其放贷能力。但在2008年全球金融危机之后，许多发达国家的中央银行开始实施非常规货币政策，如美联储的量化宽松政策、欧洲中央银行的长期再融资操作等，这些新的政策尝试通过直接影响资产价格以及信贷市场的运作，来达到货币政策的目标。

货币政策的跨国比较需要注意到货币政策实施与效果的影响因素。有政府宏观经济政策、国内外经济形势、金融市场状况及金融风险等多方面因素。举个例子，美联储和欧洲中央银行的非常规货币政策虽然同属量化宽松，但在实施细节，以及与财政政策的配合程度、对金融风险的考量等方面都有不同。

货币政策的跨国比较也有助于对高科技上市公司投资决策的深入研究。新的货币政策环境下的互动关系，对于公司的投资策略选择以及行业景气周期的判断，都有着深远影响。例如，量化宽松期间的廉价资本对科技公司的研发投入或并购选择决策产生重要影响，而中央银行退出量化宽松的步伐和节奏，也可能影响货币市场的利率、汇率、信贷成本等，进而对公司的投资决策产生影响。

在这个过程中，观察并理解不同国家货币政策的异同，注重对其在不同经济和金融背景中的实际运作和结果的深入理解，学习到其在设计和施行货币政策过程中的可取之处和教训，为更好地理解和运用货币政策提供了依据。

总的来说，对货币政策的跨国比较有助于对货币政策有更深度的理解，从而扩宽了在研究货币政策对高科技上市公司投资决策影响时的视野，能更深入地把握市场动态，对投资环境作出精准判断，进而作出更科学、可行的投资决策。

六、货币政策对高科技企业投资决策经济环境的影响

货币政策对高科技企业投资决策经济环境的影响是一个深入而复杂的主题，它涉及众多的经济学理论、实证研究和政策措施。理论上讲，货币政策无疑是影响经济环境的重要因素，它直接影响到利率、价格指数和汇率等宏观经济指标，从而对企业的投资决策产生重大影响。实证研究也显示，货币政策的变动会对高科技企业的投资决策产生显著的影响。然而，这种影响并非总是清晰可见的，它与具体的经济周期、市场状况，甚至与企业自身的策略性决策有关。

货币政策通过调控货币供应、利率及信贷供应等手段，影响着经济活动的全过程。尤其在高科技领域，企业往往需要大量的资金进行研发投入，为创新和发展提供动力。当央行采用宽松的货币政策时，利率通常较低，企业的财务成本相对较低，使它们更有可能进行投资。反之，当央行采用紧缩的货币政策时，企业的融资成本可能加大，投资可能收缩。

货币政策对高科技企业的投资决策也有很多间接的影响。例如，货币政策可以影响企业的预期收益和风险，从而影响企业的投资决策。当预期的未来利率下降时，企业可能会选择增加目前的投资，而降低未来的投资。另外，如果货币政策导致的经济波动增大，企业可能会选择减少投资，以降低风险。

然而，对于高科技企业来说，货币政策并不是投资决策的唯一决定因素。许多其他因素，如企业的创新能力、市场前景、技术突破和政策环境，也同样重

要。这需要企业在研发和投资决策中，充分考虑各种影响因素，才能作出准确的决策。

在国际比较研究中，可以发现全球各地货币政策对高科技企业投资决策具有不同的影响。一方面，各国央行采取的货币政策工具和策略有所不同，比如有的国家更注重控制短期利率，有的国家则更注重进行资产购买来刺激经济。这些不同的货币政策工具，无疑会对企业的投资决策带来不同的影响。另一方面，不同国家的经济条件和市场环境也各不相同，这也会使得货币政策对企业投资决策的影响存在差异。

因此，在分析货币政策对高科技企业投资决策经济环境的影响时，不能只关注货币政策本身，还应结合具体的国家环境、市场结构、企业条件等多方面因素进行研究。同时，货币政策本身也存在许多不确定性和风险，这就需要企业在作出投资决策时，具备高度的前瞻性和灵活性，以适应变化的经济环境。

七、未来货币政策走向对高科技上市公司的预期影响

货币政策，作为一国经济管理的核心内容之一，对一国乃至全球的经济景气、市场稳定性、投资环境等都具有重要的影响。在众多的政策工具中，货币政策的调整往往能够直接影响到资本市场的情况，从而对上市公司的投资决策造成深远的影响。而在高科技上市公司中，这种影响更加深刻。随着全球经济的崛起，货币政策的制定和调整，已经成为各国政府和中央银行常规的经济管理手段。

货币政策的未来走向通常受到多种因素的影响，包括时下的经济形势、未来的经济预期以及政府的政策倾向等。从全球经济形势来看，信息科技、互联网等高科技产业正在成为推动经济发展的重要驱动力，越来越多的高科技上市公司得以迅速成长和发展。这为货币政策的调整提供了新的思考角度和政策空间。

在经济繁荣时期，为了避免经济过热而导致的通货膨胀，政府往往会选择收紧货币政策，提高利率，使得投资成本增加，投资者和上市公司就会更慎重考虑投资事项。相反，在经济下滑时期，政府可能会选择实施宽松的货币政策，降

低利率，以刺激经济增长和投资热情。这种政策调整对于高科技上市公司的影响具有复杂性，因为许多高科技产业需要大量的开发投入，长期收益的不确定性使得公司的投资决策更加复杂。

当未来货币政策预计将呈现宽松倾向时，高科技上市公司可能会加大投资，以期在低成本的条件下，寻求新的科技突破，并借此提高市场竞争力。然而，过度的投资可能也会带来泡沫，例如过度炒作的互联网概念股。相反，如果预计未来的货币政策将收紧，高科技上市公司就需要重新审视自身的投资决策，避免因为投资成本太高而导致的投资回报降低。

此外，一些长线投资者和上市公司还会关注央行降息、升息的节奏，其中，降息节奏的加快往往预示着未来的经济疲软，而升息节奏的加快则可能预示着未来的经济过热。基于这种预期，长线投资者和上市公司可以提前作出相应的决策调整，以应对可能的经济风险。

相比于其他行业上市公司，高科技上市公司的投资决策更加依赖于自身的技术突破和创新，也更加关注市场的前瞻性预期。因此，在未来的货币政策走向中，各国的中央银行和政府不仅需要考虑到宏观经济的整体状况，还应该专门关注这类上市公司的需求和特征，以便于在正确的时机同时实现货币政策的稳定目标和推动高科技产业的健康发展。

综上所述，对于高科技上市公司而言，预测和理解货币政策的未来走向以及对其可能带来的影响，是一个实质性的挑战。同时，也为这些公司提供了更多的机会，来调整自身的投资和运营策略，更好地应对市场环境的变化。

第二节　国际高科技上市公司投资决策行为的比较

一、美国高科技上市公司投资决策行为概览

在探讨美国高科技上市公司投资决策行为时，应首先了解其总体环境。美国，作为全球最大的经济体，拥有完善的金融市场与法规体系，对高科技上市公

司在政策和法规方面给予了充足的支持，而其先进的技术环境和稳定的政策环境为高科技公司提供了广阔的发展空间，这其中，货币政策自然发挥了关键的角色。

在美国，货币政策主要由联邦储备系统制定和执行。FED 的货币政策具有潜在的影响力，它可以通过影响利率和信贷量的变动，来间接影响高科技上市公司的投资决策行为。通常，当 FED 实施紧缩货币政策时，借款成本上升，高科技公司可能会减少投资，反之，如果 FED 实施宽松货币政策，借款成本降低，高科技公司可能会增加投资。

此外，长期的低息环境为美国高科技企业的创新性投资创造了良好的环境。低利率通常降低了借贷成本，同时增加了未来现金流的价值，刺激了公司的投资。而大量的研发投入也成为美国高科技上市企业在全球竞争中保持领先地位的关键因素。

美国高科技上市公司的投资决策行为也受到风险承受能力的影响。由于高科技企业的业务复杂度高，市场变化快，加之高端技术的研发投入大，失败率高，该类企业的风险承受能力通常较强。在面对不确定的市场环境和复杂的国际关系时，美国的高科技上市公司显示出强大的风险应对能力和战略决策力。

不仅如此，企业文化也是影响美国高科技上市公司投资决策行为的重要因素。美国高科技上市公司通常倾向于营造一种自由、创新和坚持挑战的企业文化。这种企业文化鼓励企业进行高风险、高收益的创新投资，而不是满足于传统的保守投资。

除此之外，公司治理结构也会影响公司的投资决策。美国的公司治理严格，强调投资者保护和利益相关方的权益，铺就了公正和透明的商业环境，也为高科技企业的发展提供了坚实的基石。

从美国高科技上市公司投资决策行为的全面概览可以看出，其受到货币政策、利率环境、公司风险承受能力、企业文化和公司治理等多方面因素的影响。与此同时，适应当前金融环境、科技环境、政策环境的变化，以及利用这些环境的优势和挑战，对美国高科技上市公司的投资决策行为具有重要的指导意义。

二、欧洲高科技上市公司投资决策行为概览

在探讨欧洲高科技上市公司投资决策行为概览时，有必要首先了解两个关键组成元素：货币政策和投资决策。货币政策是政府通过控制金融市场的货币供应和利率水平来影响经济活动的重要工具。在作出投资决策时，公司需要结合货币政策的变化情况，决定是否购买资本设备、是否扩充生产能力、是否进入新的市场等。在欧洲，欧洲央行的货币政策会对高科技上市公司的投资决策造成重要影响。

欧洲高科技上市公司的投资决策行为在很大程度上受倒贴现率和政府补贴政策影响。当 ECB 降低倒贴现率时，银行的贷款利率也会相应降低，企业的投资成本会降低，公司进行投资的积极性会提高。但是，如果 ECB 提高倒贴现率，银行的贷款利率相应提高，企业的投资成本增加，可能会抑制公司的投资决策。政府一方面通过货币政策调控经济；另一方面，也会通过各种补贴政策对特定行业或领域给予支持。这些政策会影响高科技上市公司的投资决策。

然而，欧洲高科技上市公司在做投资决策时，也需要考虑货币政策的可能变化。例如，如果预计将来有可能出现货币紧缩的情况，公司可能会延迟或减少投资，避免在未来面临利率上升和资本成本增加的风险。反之，如果预计将来可能出现货币宽松的情况，公司可能会增加投资，期待未来经济环境的改善能提高投资回报。

除了货币政策外，欧洲高科技上市公司的投资决策行为还会受到多种因素影响。其中包括公司自身的财务状况、行业景气程度、市场竞争状况、法律法规的变化以及全球经济形势等。这些因素会加大公司投资决策的复杂性，使得公司需要更为谨慎地进行投资决策。

在总体上，欧洲高科技上市公司在面对复杂的内外部环境，特别是变化不定的货币政策时，需要灵活调整其投资决策策略，以确保公司能够在竞争激烈的市场环境中保持竞争优势。这需要公司有高效的资本分配机制，及时收集和处理各方面的信息，通过详细分析和周密规划，作出能够最大限度增加公司价值的投资决策。

三、亚洲高科技上市公司投资决策行为概览

亚洲高科技上市公司投资决策行为因各国货币政策的变动而产生积极的响应。在一体化的全球经济中，货币政策成为影响国际高科技上市公司投资决策的重要因素。亚洲地区，作为全球化浪潮中日益崛起的新兴经济体，其高科技上市公司的投资决策行为有其独特性。

亚洲高科技上市公司的投资决策行为，首先体现在对公司经营状况的严谨审视上。亚洲高科技企业重视以科技创新为驱动的增长策略，视科技创新为企业发展的核心。在此背景下，它们在作出投资决策时，将目标更多地放在如何提高企业的科技创新能力和市场竞争力上。然而，由于高科技行业投资风险较高，公司经营者必须在货币政策影响下，以谨慎的态度对待投资决策。

货币政策变动的影响主要体现在两个方面：一是货币政策的紧缩或宽松不仅影响着公司的融资成本，也改变了宏观经济环境，进而影响公司的投资决策；二是货币政策改变了资金的流动方向和流动速度，对高科技企业的投资决策产生直接影响。因此，货币政策变动对高科技上市公司的投资决策具有重要影响。

亚洲地区在全球经济体系中的地位日益提升，高科技企业数量快速增长，加上该地区国家有着相对一致的货币政策取向，使得该地区高科技企业的投资决策具有明显的地域特性。亚洲地区的高科技上市公司在作出投资决策时，不仅需要考虑公司自身的经营状况和发展策略，还需考虑货币政策对公司的影响，以及其投资决策可能对公司和整个地区经济产生的影响。

从各国具体的情况来看，日本、韩国、中国等亚洲发达地区，高科技上市公司大量涌现，企业的投资决策行为趋于成熟，作出的决策更倾向于内生性，重视公司自身的发展和利益；而在印度、泰国、越南等新兴市场国家，由于经济发展水平、市场环境和货币政策等因素，高科技企业的投资决策行为还处于发展和探索阶段，同时受货币政策的影响也相对较大。

此外，亚洲高科技上市公司的投资决策行为，也存在明显的行业特性。例如，在信息通信技术、生物科技、新能源等高科技领域内，企业在货币政策的影响下，能更积极地进行研发投入和技术革新，推动整个行业的发展。因此，研究

中不能忽视货币政策变动对不同行业高科技上市公司投资决策行为的影响。

从总体来看，货币政策变动对亚洲高科技上市公司的投资决策具有重大影响。对于公司而言，适应和利用好货币政策变动，有时候等同于把握了公司的发展大趋势；对于亚洲国家来说，适合的货币政策可以推动本国的高科技产业发展，增强国家经济的核心竞争力。这些都需要更深入地研究货币政策变动对高科技上市公司投资决策的影响，以此推动亚洲高科技产业的发展，并提升全球经济格局中亚洲的影响力。

四、美欧亚高科技上市公司投资决策行为对比

在当今的全球化经济环境中，高科技上市公司的投资决策行为受到许多微观和宏观因素的影响，其中包括货币政策。货币政策变动不仅会影响公司的融资成本，也会影响公司的投资回报预期，进而影响公司的投资决策。在这等复杂的内外部环境下，本研究试图以美国、欧洲和亚洲的高科技上市公司为研究对象，对比区域间、行业间的投资决策行为，试图揭露出货币政策如何影响高科技上市公司的投资决策，并试图为相关公司和政策制定者提供理论依据和政策建议。

首先关注的是美国高科技上市公司。美国作为全球最大的经济体和科技强国，已有许多高科技上市公司在这里蓬勃发展。美国联邦储备系统的货币政策变动对美国高科技上市公司影响较大。一方面，货币政策的紧缩会大幅提高公司的融资成本，可能导致投资行为的收缩；另一方面，货币政策的宽松则可能使得公司更容易获取到低成本的资金，进一步推动投资行为。

其次，相对于美国，欧洲的高科技上市公司则受欧洲央行货币政策的影响更大。值得注意的是，由于欧元区的经济差异较大，货币政策对不同国家的影响可能存在不同，这可能使得公司的投资决策变得更加复杂。此外，欧洲不少高科技公司的业务遍布全球，货币政策变动引起的汇率变动也会对公司的投资决策产生重要影响。

而在亚洲，中国、日本、韩国等国的高科技上市公司也在全球拥有重要地位。这些公司除受到各自国家中央银行货币政策影响外，还需要应对全球货币环境的变化。比如，美联储的政策调整可能引发全球资本流动，进而影响各国的货

币政策，并间接影响到这些企业的投资决策。

分别从货币政策的宽松与紧缩、货币政策预期变化、货币政策成本及回报预期的影响等方面出发，进行美欧亚高科技上市公司投资决策行为的对比研究，结果显示，无论在美国、欧洲还是亚洲，高科技上市公司的投资决策都会受到货币政策的影响。而且，同样的货币政策变动可能在不同地区的公司中引发不同的投资决策反应。这不仅仅是因为不同地区的货币政策本身的性质不同，也可能源于公司内部的特性、市场的规模和发展阶段等因素的差异。这为我们提供了一个令人深思的问题，即怎样考虑全球范围内的货币政策变动，从而作出合理且有前瞻性的投资决策，并可能引发政策制定者的深入思考，以求在全球化的背景下，更有效地应对和调控货币政策，为高科技企业的稳健发展提供坚实的支持。

结论是，货币政策变动影响高科技上市公司的投资决策行为，并且不同地区的高科技上市公司对货币政策的反应存在明显差异。在未来的研究中，可以更加深入挖掘这些差异背后的原因，以帮助公司和政策制定者更好地应对货币政策的变动。

五、新兴市场高科技上市公司投资决策行为研究

这部分将主要关注新兴市场的高科技公司如何在具有高度竞争性和快速变化的环境中形成投资决策，以及货币政策变动如何影响其决策过程。本书还将提供跨国比较，以更好地理解货币政策变动对不同公司投资决策的影响差异。

首先，必须明确新兴市场高科技公司面临的特殊挑战。与成熟市场相比，新兴市场往往存在更大的市场不确定性、经济波动，以及更可能变动的货币政策环境。霍恩和坎尼格雷在 2004 年的研究指出，新兴市场的高科技公司必须具备更强大的风险管理能力和战略适应性，以有效应对这些挑战。他们需要时刻注意全球经济的动态变化，有效预测和应对货币政策变化带来的影响。

其次，新兴市场高科技公司投资决策也有其独特之处。研究人员佩雷斯和马丁内斯（2011）认为，这些公司往往更偏向于进行高风险投资，以实现技术创新和快速增长。他们的投资决策通常更受创新需求、技术发展趋势以及全球化背景的影响。

至于货币政策变动对新兴市场高科技上市公司投资决策的影响，一方面，随着利率的上升，企业融资成本增加，可能导致资本投入的减少；另一方面，货币政策的收紧本身表明经济形势可能面临挑战，这也可能使得企业在投资决策时更为谨慎。然而，一些具有冒险精神的高科技公司可能会借此机会扩大投资，以获取更大的市场份额。这其中的具体影响因素与程度，需要进一步的定量研究以得到准确的理论和实证结果。

最后，从更广阔的全球视野来看待这个问题，不能忽视国际新兴市场高科技上市公司投资决策行为的比较研究。在国际比较中，可以看到不同的经济体制、企业文化，以及政策环境对企业的投资策略造成的影响。例如，中国的高科技公司在投资决策中更偏向于国内市场，而印度的高科技公司则更加注重国际市场的机会。每个市场中的高科技公司都有自己独特的投资策略，并且都需要在自身环境的基础上对货币政策变动作出反应。这些差异化的投资行为对于理解新兴市场高科技上市公司的投资决策至关重要。

新兴市场高科技公司在面对货币政策变动时的投资决策行为是一个复杂且尚未完全理解的领域，但已有的研究及国际比较都展示了其多样性和复杂性。未来的研究中还需要对各种影响因素以及各种适应策略进行更深入的剖析和理解，这个课题为投资者和政策制定者提供了新的研究视角，以便能够对新兴市场的高科技公司投资行为有更全面和深入的理解。

六、新兴市场与发达市场高科技上市公司投资行为对比

货币政策经常作为影响公司投资决策的重要因素进行研究，在此将对新兴市场与发达市场的高科技上市公司进行比较研究，以深入理解货币政策如何影响其投资行为。新兴市场和发达市场的区别主要体现在市场成熟度、经济增长速度、企业规模和创新能力等方面，而这些因素都直接影响到企业的投资行为。

首先关注新兴市场的情况。新兴市场中的高科技公司通常来说面临着更大的挑战，如相对较低的创新能力、不完善的市场体系以及相对较高的融资成本等，但也存在着更大的成长潜力。在此环境中，货币政策的变动（如货币供应的

增减、利率的升降等）对企业投资行为的影响特别明显。在紧缩货币政策的背景下，企业融资成本上升，商业银行发放贷款的意愿减弱，企业的投资热情可能受到抑制。但如果政策能够给予适度的帮助或者引导，譬如减息、加大科技创新的市场导向等，高科技公司便有可能抓住机遇，加强投资，从而促进自身的发展。

然后，再看发达市场的情况。相对于新兴市场，发达市场的高科技公司享有更加成熟的市场环境、更加发达的产业链、更好的创新环境等优势。对于这些处于全球领先地位的高科技公司来说，货币政策对其投资行为的影响可能相较于市场前景、竞争状况、科技发展等因素较为次要。但毫无疑问是不能忽视货币政策对其投资决策的影响的。利率、汇率等货币政策工具依然能够通过影响公司融资成本、投资回报、市场预期等方式对其投资行为产生较大的影响。

新兴市场和发达市场的高科技上市公司在面临货币政策变动时，无疑都会进行一系列投资决策判断与调整。但由于两者的市场环境、企业成长阶段等因素不同，对货币政策的敏感度和应对策略也有所差异。但无论在新兴市场还是发达市场，一家高科技公司如果能够充分理解并把握货币政策的动向，适应其影响，并制定出相应的投资策略，都将对其未来的发展产生积极影响。因此，任何一个国家和地区对于其货币政策的制定与实施，都站在全球的角度来考虑，追求货币政策的稳定，增强对外界冲击的抗击能力，为高科技上市公司的投资决策提供一个相对有利、健康的环境。

七、高科技投资策略与企业生命周期的关系

在全球化的经济背景下，高科技企业在当今的商业环境中发挥着重要的作用，他们的投资策略迅速成为对全球经济状况产生决定性影响的动态因素。"高科技投资策略与企业生命周期的关系"是一种深入理解企业生命周期理论在实际运营中运用的重要视角。

由于不同的高科技上市公司都面临着各种不同的市场环境，因此他们对于货币政策的应对策略也有着不同的侧重点。这种差异主要源于公司的生命周期阶段。企业生命周期理论认为，公司的投资策略和决策与其在生命周期的阶段密切

相关。

初创期的公司通常在寻求风险投资和创新机会方面更有活力，他们更可能受益于宽松的货币政策，因为这种环境有助于他们获取必要的资本以发展业务。然而，由于缺乏稳定的现金流和业务经验，他们的投资决策更容易受到市场波动的影响。

在成长和成熟期，高科技上市公司通常会有更多的资源和能力来应对各种市场条件，他们在受益于宽松的货币政策的同时，也有能力在紧缩的经济环境中通过优化运营和提高效率维持竞争力。在这个阶段，公司的投资策略更关注于扩大市场份额和提升自身技术实力。

最后，当高科技上市公司进入衰退或终止阶段时，由于业务在市场上的竞争日趋激烈，公司的资源通常会更多地集中于战略调整和常规运营上，因此，这个阶段的公司可能更希望看见稳定的或偏紧的货币政策，以便维持其现金流的稳定和降低运营成本。

然而，无论企业在何种生命周期阶段，货币政策变动对于高科技投资的影响都是深远的。货币政策的变动会影响到资本的成本，进而影响到公司的投资决策。在实际策略中，高科技企业需要根据公司的生命周期，灵活选择和调整其投资策略。

总的来看，高科技投资策略与企业生命周期之间是一个非常复杂的关系，影响着高科技上市公司的投资决策。在货币政策变动的影响下，根据自身所处生命周期的不同阶段，高科技上市公司投资决策的策略也会有所不同。因此，深入研究它们之间的相互影响和作用，将有助于更好地理解和预测高科技上市公司的投资行为，并为其投资决策提供更为准确和具有实际指导意义的建议。

八、高科技上市公司投资决策中的风险因素比较

全世界的高科技上市公司在投资决策过程中常常面临着多种风险因素。因此，高科技上市公司需要在进行投资决策时，密切关注并酌情考虑各种可能的风险。

一般而言，高科技上市公司投资决策的风险因素主要可以归结为市场风险、信用风险、流动性风险、操作风险以及法律风险。市场风险来自市场价格的波动，如股票价格、利率、汇率等，这会影响公司投资的收益。信用风险来自投资方违约，使得公司无法获取预期的投资回报。流动性风险指的是公司投资的资产在必要时不能快速地转化为现金，以满足短期的资金需求。操作风险源于公司内部的人为错误、技术故障或者管理失误，这些因素可能带来损失。法律风险主要包括税务问题、合同违规、知识产权等问题。

　　各地高科技上市公司的风险，依据所处环境的差异，会存在显著的异同。以市场风险为例，美国高科技上市公司除了需要关心美元的汇率风险外，也需要考虑到国内外的经济环境以及美国联邦储备系统的货币政策等因素。而中国的高科技上市公司除了面临人民币汇率的风险之外，还需要关注国内的经济政策以及最新的货币政策。欧洲的高科技上市公司则需要将欧元的汇率风险考虑在内，并须审视欧盟的整体经济状况以及欧洲央行的政策动向。

　　相比而言，每个国家的货币政策对高科技上市公司投资决策的影响也各不相同。货币政策主要影响通货膨胀及利率水平，进而影响高科技上市公司的投资回报、投资风险以及投资决策。货币政策的宽松或紧缩不仅会影响公司的资金成本，也会影响到其业务的收益性和风险性。在制定投资决策时，高科技上市公司必须详细了解自身所面临的风险因素，并与其他国家的公司进行比较，以便制定出更适合自身状况的投资策略。

　　然而面对各种风险，国际间的高科技上市公司多半采取各类风险管理工具以降低其投资风险。这些工具包括金融衍生品（如期货、期权等）、多元化投资、保险等。通过这些方式，高科技上市公司能有针对性地对投资避险，尽可能地保证投资的收益。可以看出，货币政策和国家环境对高科技上市公司的投资决策的风险因素产生重大影响。因此，高科技上市公司在制定投资决策时，除了对自身进行全面评估，也要充分考虑到各类风险因素，以确保公司的健康发展。同时，对各国高科技上市公司投资风险的比较研究，可以为全球的高科技上市公司提供宝贵的决策参考，有重大的实用价值。

九、全球视野下的高科技上市公司投资决策趋势比较

在全球视野下，高科技上市公司投资决策的趋势是丰富且多样的，呈现出相应的地理、文化及经济特色，同时又受影响于全球化的一些共性因素，例如科技创新的快速发展、资本市场的开放、金融风险的控制等。

进入 21 世纪以来，全球化趋势对国际上的高科技上市公司投资决策的影响显著。全球化进程中，越来越多的高科技上市公司开始追求全球布局，通过资本市场、技术合作、市场拓展等投资方式，提升自身实力，进一步提高在全球市场的竞争力。在这样的大环境下，对全球视野下高科技上市公司的投资策略进行深入研究和比较分析，有助于理解和把握其投资决策的核心逻辑和趋势。

在全球高科技上市公司的投资决策中会发现一些共性。首先，这些公司的投资决策往往偏向于投资创新科技与研发。这是因为在如今的科技创新大潮中，通过研发投入，企业不仅可以提升研发能力，创造核心竞争力，而且还能赢得市场份额，获得更大的经济收益。其次，全球高科技上市公司往往也会通过兼并与收购的方式，帮助自己快速扩大市场份额，获取相关资源。然而，在这个过程中，如何平衡投资体量，控制金融风险，也是企业必须考虑的问题。

然而，不同地域的高科技上市公司在投资决策上也呈现出明显的差异。例如，美国的高科技上市公司在投资决策上往往更重视终端市场以及研发投入，而中国的高科技上市公司则更加关注市场拓展、产品研发以及内部管理改革。而在欧洲，尤其是北欧，环保与绿色科技的投资占据了很大一部分。

总的来看，全球化的趋势正在加快每个国家、每个地区高科技上市公司的全球化进程，这种趋势在未来会更加明显。全球范围内的高科技上市公司将更进一步地寻找合作，优化资源配置，深化技术研究，提升产品品质，以获取更大的市场份额，并最终实现公司的价值增长。同时，企业还需要在全球化的大背景下，将控制风险、防范金融风险的要求更加贯彻到投资决策中，保证公司的稳定及持续发展。期待未来全球范围内的高科技上市公司能够在投资决策上更加科学、更加理性，以更为良好的发展态势，推动全球科技的进步。

第三节　国际经验对我国货币政策与高科技上市公司投资决策的启示

一、美国的货币政策与高科技企业投资决策经验对我国的启示

美国是全球经济领头羊，不仅是金融业的发源地，而且是先进技术的重要研发基地。美国的货币政策和高科技企业投资决策模式，为本书的研究提供了宝贵的经验和启示。

在美国，货币政策是由联邦储备系统负责制定实施的。美联储对货币政策的调整，旨在维持价格稳定，促进全职就业，并确保美元的购买力稳定。美联储的政策权重主要在短期利率上，对银行准备金要求和所有者权益调整等采用直接或间接方式，来影响市场的货币供应。此外，通过购买政府短期债券，美联储也可以影响市场的利率水平，间接影响企业的投资决策。

对于美国的高科技上市公司来说，他们坚信科技是推动经济发展的主力军，并始终不断投入大量的研发资金。以苹果和谷歌为例，这两家公司每年的研发支出都超过美国国防部的预算。他们的成功源自对创新的追求，以及对新产品和技术所带来的商业价值的执着信念。同时，这些公司对自身发展与货币政策变动的把握能力也非常强。

美国的货币政策与高科技企业投资决策经验为我国提供了几个重要启示。首先是我国应该加强货币政策与经济实体的有效配合。以价格稳定和全职就业为目标的货币政策，能够更好地为高科技上市公司提供良好的投资环境。此外，对货币政策的调控策略，我国应考虑采取更灵活的货币供应和利率调控模式，以避免过度干预市场自由竞争。其次，高科技上市公司在投资决策上应更注重长期的战略规划和研发创新。以苹果和谷歌为例，他们是通过长期大量的研发投入和对技术前沿的探索，才成功实现了商业模式和技术的革新。同时，对货币政策的深

入理解和准确把握，也能更有效地规避风险，确保公司稳定发展。最后，货币政策与高科技企业投资决策之间的关系是复杂的，需要深入研究和准确把握。未来应该努力研究各种影响因素，以便在货币政策变化的大环境下，制定更科学的投资策略。

借鉴美国的经验可以发现，货币政策的透明度、合理性和稳定性对高科技企业的投资决策有着重要影响。正因为如此，公司和政策制定者需要深入理解货币政策对经济活动的影响，以期在我国实现更好的货币政策管理和高科技企业投资决策。

二、日本的货币政策与高科技企业投资决策经验对我国的启示

日本作为全球领先的经济体，其货币政策与高科技企业投资决策经验引起了全球关注。日本成功地通过货币政策对国内高科技上市公司的投资决策产生了积极的影响，从而推动了高科技行业的快速发展，其经验值得我国借鉴。

日本的货币政策以激发市场活力、稳定经济和提高劳动生产力为主导。在这个过程中，日本央行通过调整其货币政策，旨在创造一个有利于公司投资的经济环境。为此，日本央行维持低利率，以降低公司贷款的成本，激励高科技上市公司增加研发投资，从而推动创新和产业升级。

日本的高科技企业在投资决策时，一方面，会考虑到日本央行的货币政策对其投资成本的影响；另一方面，会对全球市场环境、技术发展趋势以及公司自身的竞争地位进行全面分析，以确保其投资决策的科学性和战略性。此外，日本的政府和央行也提供了多种政策工具，将货币政策与宏观经济政策相结合，从而创造一个有利于高科技企业发展的环境。比如，日本政府通过自身的政策工具，如财政补贴、税收优惠、研发项目支持等，为高科技行业提供了强大的支持。日本的货币政策和高科技企业投资决策经验对我国具有重要的启示。对于我国来说，应积极应用和发展货币政策，以降低高科技公司的投资成本、激发其创新活力，从而推动高科技行业的发展。同时，需要提高对货币政策影响的认识，清楚地认识到货币政策对高科技企业决策的影响，以确保我国的货币政策在激励企业

创新方面发挥最大的作用。此外，我国也需要引入更多的政策工具，通过财政补贴、税收优惠、研发项目支持等方式，为高科技行业提供更强大的政策支持。另外，我国的高科技上市公司在投资决策时，除了关注货币政策对投资成本的影响外，还需要结合国际市场环境、技术发展趋势和公司自身的竞争地位，制定科学、全面的投资决策。

综上所述，从日本的货币政策与高科技企业投资决策经验中，可以看到货币政策作用的重要性以及高科技企业科学决策的关键。我国在货币政策制定以及高科技企业投资决策上都应借鉴日本的经验，以推动我国高科技行业的快速发展。

三、欧洲的货币政策与高科技企业投资决策经验对我国的启示

欧洲货币政策与高科技企业投资决策的经验，可以为我国提供一系列宝贵的参考，并在一定程度上对我国货币政策与高科技上市公司投资决策的深化和完善起到积极的推动作用。

在欧洲，货币政策是经济稳定和增长的重要手段，其主要目标之一就是为企业创造一个宜商的环境。欧洲央行会根据经济形势的变化，调整其货币政策，从而对企业投资决策产生影响。比如，当经济过热时，欧洲央行会提高利率，以此来降低投资的吸引力，阻止经济过度升温。相反，当经济疲软时，欧洲央行会降低利率，以此来提升投资的吸引力，帮助企业和经济走出困境。这种灵活的货币政策制定方式是我国可以借鉴的。

欧洲的高科技企业在面对货币政策变化时，也出现了一些以长期目标为导向的投资决策。他们明白，货币政策的变化只是经济周期的一部分，而高科技的发展需要更长远的视角和更坚实的基础。因此，欧洲的高科技企业在面对货币政策变化时，会通过调整自身经营策略，来保证自身的稳定发展。具体而言，他们在面对利率上升时，会通过提高自身的运营效率，降低成本，来应对沉重的融资负担；在利率下降时，他们会抓住机会进行更加乐观的投资，例如研发新的技术、开辟新的市场等。

需要注意的是，欧洲的一些经验并不是完全适用于我国的情况，我国在借鉴欧洲的经验时，需要结合我国实际情况进行适应性的调整。另外，欧洲的高科技企业在面对货币政策变动时，展现出的成熟和稳健，也是我国高科技企业需要学习的。

货币政策和高科技企业投资决策之间的关系并不是简单的直线关系，二者的关系需要在实际情况下进行细致的分析，借鉴欧洲的经验是一个好的开始，但是在具体的执行过程中也需要我国自己找准定位，找出最适合自己的道路。

同时，高科技企业在作出投资决策时，应充分考虑货币政策的影响，不仅要充分利用货币政策的非常规工具，如降息、量化宽松等，以获取低成本的融资支持，同时也应对可能的风险进行有效管理，并做好灵活调整的准备。

总的来看，欧洲的货币政策与高科技企业投资决策的经验是宝贵的，但是在我国具体运用这些经验时，需要结合我国实际情况进行适应性改造。通过深入研究和不断实践，我国有望逐步找到一套更加适合自己的货币政策和高科技企业投资决策的运行模式。

四、新加坡的货币政策与高科技企业投资决策经验对我国的启示

新加坡作为一个高度发达的市场经济国家，在货币政策与高科技上市公司投资决策的有效配合运行方面积累了丰富的经验，具有很高的借鉴价值。深入分析和理解新加坡的货币政策与高科技企业投资决策之间的密切联系，对于协调国内货币政策和高科技上市公司投资决策之间的关系具有实质性的指导意义。

新加坡货币当局实行面向汇率的中性货币政策，恰当地平衡了物价稳定与经济增长之间的关系，为新加坡构建了稳健的货币环境。新加坡的货币政策制定者通过稳定其汇率，改善了国内的投资环境，吸引更多的高科技上市公司进行投资。在这样的货币政策环境下，企业能够更好地预期未来的经济情况，降低未来的不确定性，从而有利于企业进行长期的投资决策。

新加坡高科技上市公司的投资决策，一方面受到货币政策的影响，也反过来影响着货币政策的制定和调整。新加坡高科技上市公司在作出投资决策时，会

考虑货币政策对投资回报率、风险及贷款利率等方面的影响。另一方面，企业的投资行为又会影响实体经济的运行，从而影响货币政策的调整。这种双向影响表明，货币政策与公司投资决策之间存在着密切的互动关系。

新加坡的经验表明，货币政策需要注重对高科技上市公司投资环境的塑造，而高科技上市公司在作出投资决策时，也要充分考虑货币政策环境的变化。这需要我国在制定货币政策时，充分考虑其对企业投资决策的影响，特别是对高科技上市公司的影响。这也要求我国的高科技上市公司在制定投资决策时，要考虑货币政策的影响，使得投资决策能够适应货币政策环境的变化。

同时，还能从新加坡的经验中知道，制定和实施货币政策不仅需要考虑宏观经济的稳定，也需要考虑到货币政策对高科技上市公司投资决策的影响。因此，在我国，货币政策的制定者需要在保持经济的稳定和增长的同时，兼顾对企业投资行为的引导。

总的来说，新加坡的货币政策与高科技企业投资决策的经验对我国具有重要的启示意义。我国应该积极学习和借鉴新加坡的经验，把握好货币政策与企业投资决策之间的互动关系，优化我国的货币政策环境，引导企业作出有益于社会经济发展的投资决策。

五、以色列的货币政策与高科技企业投资决策经验对我国的启示

以色列的货币政策与高科技企业投资决策经验对中国的启示具有重要参考价值。以色列是世界上有名的"创新之国"，而其货币政策的设计和执行对于高科技企业的投资决策具有重要的影响。从以色列的经验中可以总结出一些能够指导我国货币政策制定和高科技企业投资决策的内容。

以色列早在20世纪80年代就开始积极推动科技创新，政府将科技创新作为国家发展战略的重要组成部分。在这个过程中，货币政策发挥了关键的作用。以色列央行如何在保持货币稳定的同时，通过货币政策的制定和执行，促进科技创新和高科技企业的发展，是值得深入研究的。

以色列央行在推动科技创新和高科技企业的发展上采取了两方面的货币政

策：一方面是采取适度宽松的货币政策，为科技创新提供良好的融资环境；另一方面是通过货币政策工具，如降低贴现率、开展回购操作等，以鼓励商业银行对高科技企业提供贷款。

除了宽松的货币政策外，以色列还通过其他金融政策工具，如高级别的金融监管，以及一系列鼓励风险投资的政策措施，如税收优惠、政府担保等，进一步刺激了对高科技企业的投资。

以色列的经验显示，货币政策在推动科技创新和高科技企业的发展中起到了关键的作用，不仅可以通过降低融资成本，提供良好的融资环境，还可以通过其他金融政策工具，如高级别的金融监管和鼓励风险投资的政策，进一步刺激对高科技企业的投资。

在中国，货币政策对高科技企业的影响也具有重要的实践意义。在构建新的创新驱动发展模式，推动高科技企业发展的过程中，如何更好地运用货币政策是我国亟须解决的问题。首先，我国需要借鉴以色列的经验，构建支持科技创新的货币政策和金融环境。具体来说，可以改革金融体系，进一步放宽市场准入，鼓励金融创新，扩大投资者群体。其次，运用货币政策工具，促进对高科技企业的投资，如适当降低贴现率、增加市场流动性、降低融资成本。同时，我国也需要学习以色列高级别的金融监管方面的经验，制定创新型的监管政策，创新监管手段，以防范金融风险。我国可以在提升金融监管能力的同时，借鉴以色列的金融政策工具，如完善税收政策、鼓励风险投资，来提升我国对高科技企业投资的积极性。

借鉴以色列的货币政策与高科技企业投资决策经验，需要根据我国实际情况，精心设计和实施货币政策，以促进我国高科技企业的发展。只有这样，才能在全球科技革命的大潮中，站在更有利的位置，推动我国经济社会的可持续发展。

六、印度的货币政策与高科技企业投资决策经验对我国的启示

印度作为世界新兴科技创新中心，其中的货币政策与高科技企业投资决策

策略无疑值得我国高科技上市公司借鉴。通过分析印度的货币政策对印度高科技企业投资决策的影响，和其具体实施过程以及成功经验，可以为我国货币政策制定提供有效的参考。

货币政策是影响企业投资决策的重要因素之一。印度中央银行为稳定物价、平衡经济增长，两者冲突时优先保障物价稳定，实施中性偏紧的货币政策，并以多元化的方式来支持其高科技企业的发展。印度的货币政策通过降低银行贷款利率，使得高科技企业降低资金成本，提高盈利预期，刺激其增加投资。同时，通过多元化的货币政策手段，实现了对高科技企业的多角度支持，帮助其迎接挑战，永葆活力。

分析印度高科技企业的投资决策，可以看出，印度高科技企业在进行投资决策时，除了关注货币政策外，还非常注重技术创新，并将其作为企业发展的重要推动力。这种强调技术创新的投资策略是印度高科技企业能够在全球竞争中脱颖而出的重要原因之一。

从印度的经验来看，完善的货币政策体系是高科技企业发展的重要外部条件，而强调技术创新的投资决策策略则是企业内部的关键因素。这两者相互作用，共同推动了印度高科技企业的快速发展。

对于我国来说，以印度为镜，可以从以下几个方面获取启示。首先，我国应强化货币政策的定向透明与可预期性。货币政策的运作对企业投资决策具有重大影响，因此，我国应进一步强化货币政策的定向透明并增强其可预期性。其次，在货币政策的制定过程中，应更多地考虑到高科技企业的发展需求，并采取更具针对性的政策措施来予以支持。

此外，鼓励企业加大对技术创新的投入，依靠技术创新来引领企业的发展，是我国可以从印度高科技企业的投资决策策略中获取的重要启示。同时，为技术创新提供良好的外部环境，如完善的知识产权保护制度、鼓励风险投资等，也是我国必须重视的。

总结来看，印度以货币政策的定向支持与技术创新的双重推动作为发展策略的基础，实现了其高科技企业的持续快速发展。我国可以从中得到诸多启示和借鉴，为我国高科技上市公司的长远发展指明方向。

七、行业层面的货币政策与高科技企业投资决策经验对我国的启示

行业层面的货币政策与高科技企业投资决策经验对我国的启示这个主题大致涵盖两个主要的内容。一是监控和分析其他国家在行业层面对于高科技企业的货币政策实践，从而挖掘出对构建和调整我国货币政策有价值的经验和启示。二是通过深入理解这些国际经验，重新审视我国高科技企业在投资决策过程中对货币政策的认知与应对，为进一步优化货币政策，推动高科技企业的发展提供思路。

首先来思考这样一个问题：货币政策变动对高科技企业投资决策的影响到底在什么层面上。答案是宏观层面和微观层面。宏观层面上，货币政策的变动通常会改变高科技企业的融资环境，比如调整市场利率水平、影响金融机构的贷款意愿等。是以，货币政策对于高科技企业而言，意味着投资成本的变化。由此，货币政策变动无疑会给高科技企业投资决策带来巨大影响。

观察国际上的经验，可以看到一些国家在制定货币政策时，就已经非常重视这一点。如美国在经历 2008 年全球金融危机后，实施了多次货币政策调整，对于创新型高科技企业的一揽子援助，很大程度上减轻了金融危机对该类企业的冲击。日本的超宽松货币政策，也以稳定的低利率环境，为高科技企业创新提供了持续的金融支持。这些国家对行业层面货币政策的实施，同时结合了产业政策，通过降低各类投资成本，鼓励高科技企业进行研发投入。

那么，面对货币政策的更迭，高科技企业应如何作出投资决策呢？同样可以从国际经验中找寻答案。在经济环境中，一般而言，货币政策宽松时，高科技企业会倾向于增加投资，因为这时融资成本较低，利于企业拓展业务、进行研发投入。在货币政策紧缩的时候，高科技企业则可能会延缓投资，等待在更好的金融环境中进行资本扩张。

那么，以上的国际经验对我国的启示是什么呢？首先，在设计货币政策时，我国需要把高科技企业特别是那些具有创新能力且处于研发阶段的高科技企业作为重要考虑因素，为他们创造一个良好的金融环境，以推动科技创新发展，同时

也增加了我国经济的稳定性和抵御风险的能力。其次，我国的高科技企业需要了解国际货币政策波动对投资决策的影响，使得在全球化背景下，能够更好地应对国际经济环境的变化，掌握投资时机。

总结来看，行业层面的货币政策与高科技企业投资决策经验对我国的启示，核心是以国际行业层面货币政策的实施为参考，重新审视我国货币政策，进一步发挥其对于推进高科技企业发展的重要作用；同时，也希望我国的高科技企业能够深刻认识到货币政策对于投资决策的影响，使得在面对货币政策的更迭时，能作出正确的决策选择。

八、货币政策在不同经济环境下对高科技企业投资决策的影响

货币政策具有重大影响力，对大型上市公司，特别是高科技公司的投资决策有着极为明显的影响。坚定的货币政策在稳定经济、抑制通胀、维持稳定的金融环境等方面有着巨大的作用，而在不同的经济环境下，货币政策对高科技企业投资决策的影响则有所不同。

在经济繁荣时期，宽松的货币政策会刺激更多的投资和消费，加速经济增长。对高科技企业而言，低利率和充裕的货币供应可以帮助公司获得便宜的资金，并有可能导致风险投资增加。然而，过度的货币宽松可能会引发资产泡沫，增加金融稳定性风险。

在经济衰退时期，货币政策需要适时调整，以保持经济的稳定。收紧的货币政策可能会压制投资和消费，带来企业运营的压力，高科技企业亦不能幸免。无论是投融资还是扩大生产，较高的利率和严格的货币政策都将带来难度，但对于长远发展，高科技企业可能会选择在利息较低的时候获得资金，并在利息较高的时候还本付息。

货币政策不仅在国内有显著的影响，同时也与全球经济状况密切相关。对于高科技企业来说，国际货币政策差异可能会影响其投资决策，特别是对海外投资的考量。例如，在全球低利率环境下，企业可能会优先考虑在海外进行投资，然而不同国家的货币政策和宏观经济环境差异可能使得投资决策更为复杂。

同时，也需要注意到，货币政策只是影响企业投资决策的诸多因素之一。高科技企业需要兼顾科技创新、产品市场、企业管理等多方面的考量，健全的企业战略不能仅仅依赖货币政策。在决策过程中，高科技企业需要深入研究各种因素对该公司特别是投资决策的影响，并根据这些因素设定长期策略。

　　在此过程中，有必要详细考察其他国家的货币政策实践，特别是对高科技企业投资决策影响的案例。这些国际经验可以为中国区域或行业特定的政策实践提供借鉴。可以通过对比研究，找出在不同经济环境下货币政策对高科技企业投资决策的影响规律。这样既有助于理解货币政策的具体影响，也会为政策制定者提供更为准确的参考。

　　在整个研究过程当中，需要保持开放的心态，对新兴的观点和方法持积极接纳的态度，这样才能更好地理解货币政策和投资决策之间的关系，并推进更为深入的研究。

　　对于中国来说，可以通过借鉴国际上成功的经验，科学制定货币政策，以服务于国内高科技企业的进一步发展。同时，高科技企业也应综合考量国内外的经济环境和政策走向，合理安排投资计划，实现持续稳健的发展。

第六章

货币政策变动对高科技上市公司投资决策影响的行业差异分析

第一节 高科技行业的分类与特点

一、高科技行业的定义与含义

高科技行业，也称为高新技术产业，是指以新的科学研究为基础，以高新技术为核心，相对于传统产业具有较高的技术含量、知识含量、创新能力、成长性和复制性等特征的一类行业。其产品或服务通常都体现了当代科学技术的新发展、新成果、新趋势，并能引领和推动社会新兴消费需求的出现和变化。

在全球化的背景下，世界各国纷纷把高科技产业视为国家经济发展的重要动力和先导产业来抓，高科技产业已经成为推动全球经济发展最核心的力量。可以说，高科技产业是当前世界各国在科技创新、经济增长、社会转型乃至文明进步等诸多方面的主要表现和关键领域。

高科技产业的定义，其实并不是一成不变的，而是随着科技进步的发展而不断演变和升级的。以我国为例，在科技部 2008 年发布的《国家重点支持的高新技术领域》中，高科技产业含电子信息技术、生物与新医药技术、航空航天技术、新材料技术、高技术服务业、新能源及节能技术、资源与环境技术、高新技术改造传统产业。

上述定义具有以下几个特点：首先，高科技产业的生产过程中集成了大量的科学技术知识和开发经验，且具有较高的技术含量；其次，高科技产业不断创新，加快技术进步，具有较强的创新能力和生产效率；再次，高科技产业的工作环境一般相对复杂，需要水平较高的技术人员诸如研究员、开发员、设计员等参与其生产过程，因此其劳动生产率相对较高；最后，高科技产业的产品种类繁多，更新迅速，并能引导和创造社会新的消费需求。

而在国际上，高科技行业的定义则在很大程度上变化较大。例如，经济合作与发展组织（OECD）则是倾向于从科技密集度、服务业科技含量、科研投资比重和人才密集度四个角度来定义高科技产业，其所指的高科技产业包含航空航天、药品、计算机、电信设备、科研服务等领域。

在此基础之上，进一步来看高科技行业的含义。高科技行业的核心是科技，特点是创新，目标是引领，含义的展现主要体现在三个方面。

其一，科技创新。这是高科技行业的生命线和根本。每一个高科技行业的公司、产品和服务，无不以科技创新为驱动力。与此同时，高科技行业的创新能力不仅体现在产品和服务上，更是体现在商业模式、管理模式，乃至文化理念上。这也是高科技行业能在瞬息万变的市场环境中立足的重要原因。

其二，产业引领。高科技行业是先导产业，是经济社会发展的领跑者。这不仅体现在高科技行业的高速发展上，更体现在它促进经济社会转型升级、推动新的增长点形成、引领产业结构优化升级上。特别是在新一轮科技革命和产业变革中，高科技行业更是成为世界各国转型升级的重要引擎。

其三，对人类生活的影响。高科技行业所生产的产品和提供的服务，已经深入人类社会生活的方方面面。如网络科技让信息更加便利地流动，人工智能让生活更加智能化，生物科技让医疗更加精准，高科技行业以各种形式改变着人类生活，改善着人类福祉。也因此，高科技行业已经成为关乎未来人类命运的重要力量。

总的来说，高科技行业代表了学科交叉呈现与科技智慧集成，其从业人员在理论研究方面也有很高水平，而不仅仅是科技产品和服务提供者。因此，深入理解高科技产业的定义与含义，对于把握经济社会发展的大势和趋势，把握高科技产业的未来发展，都具有重要的理论和现实意义。

二、高科技行业的主要分类

高科技行业是现代经济中的重要分支，无论是对经济增长，还是对社会进步，它均发挥着不可或缺的作用。所谓的高科技行业，是指企业在生产过程中使用大量复杂、前沿、高度精密和创新的技术，如核心信息技术、人工智能、生物技术、空间技术、新材料技术、新能源技术等，以此创造高附加值产品和服务。

高科技行业的主要分类可以从许多角度进行。一种常见的分类方法是按照产品或服务的性质进行分类，分为信息技术行业、生物技术行业、航空航天行业、新材料行业和新能源行业。信息技术行业是目前最发达的高科技行业之一，其主要包括软件开发、数据分析、人工智能、机器学习、区块链等。这个行业的关键点在于信息的收集、处理、传输和存储。生物技术行业涵盖了各种利用生物系统、生物元素和生物过程进行创新和开发的活动。它包括传统的生物制药、生物农业和生物能源，以及新兴的基因工程、细胞工程和生物信息学等。航空航天行业主要涉及航空器和航天器的设计、生产、运营和维护，包含了商业航空、军用航空、卫星应用和太空探索等多个子领域。新材料行业主要研究和开发各种具有先进性能的新材料，比如纳米材料、智能材料、绿色环保材料等。这些材料有着广阔的应用前景，如能大大提高产品的性能和功能，或者为环境保护作出重大贡献。新能源行业则主要是指使用可再生能源，如太阳能、风能、地热能和海洋能等，以及与这些能源相关的技术和设备的研发和生产。

以上便是高科技行业的主要分类。然而，随着科技的发展，新的高科技行业正在不断涌现，其中包括量子信息、生物制造、温室气体管理等新兴领域，这些领域都以其独特的角度和方式，富有活力和创新性地推动着科技进步和社会发展。

值得注意的是，每种高科技行业都有其特点，这些特点使得他们对货币政策响应的灵敏度和策略可能各不相同，这就需要在研究货币政策对高科技上市公司投资决策影响时，必须尊重每个行业的独特性，采取有针对性的研究方法，以更准确地评估和预测这些影响。

三、高科技行业的特点

（一）IT 与通信技术行业特点

IT 与通信技术行业是现代高科技行业中的重要组成部分，其具有明显的行业特征与优势性。

IT 行业，更准确地说是信息技术行业，主要涉及计算机硬件、软件、网络以及各种信息设备与服务。信息技术的一大特点是创新能力强。随着时代的进步，IT 技术不断突破，满足了社会各个领域对于快速、精确和多样化信息的需求。计算机技术、云计算、大数据等新技术推动 IT 行业不断向前发展，提升了行业的技术水平。此外，IT 行业的快速发展也显示出了明显的周期性和规模效益，这主要是由 IT 创新的周期性及其市场影响力决定的。

IT 行业还表现出难以复制的行业集中度。由于 IT 行业普遍需要大量的技术研发投入和高昂的更新换代成本，因此，这个行业的市场接纳度和前瞻性决定了整个行业的门槛相对较高。那些能在该行业中抢夺更多资源并迅速成长的公司具有不可忽视的优势。

通信技术行业主要涉及移动通信、固定网络、宽带接入、核心网和互联网等技术领域，这是一个技术极其密集并且与人们生活紧密相关的行业。其主要特点包括必要性、普遍性和强烈的网络效应。随着社会的发展，通信技术已经变得越来越必要，几乎牵涉到人们的多个生活、社会活动领域。在这种情况下，网络服务质量和覆盖率的好坏直接决定了整个社会的运行效率。

通信技术行业的普遍性意味着它的市场天然巨大，电信运营商拥有大量的用户。在这种情况下，通过业务创新和服务升级，运营商有很多方式开发利润。网络效应是通信行业另一个很重要的特征，即网络上的用户越多，其价值就越大，这使得在通信行业中保持用户数量的重要性不言而喻。

此外，通信行业的技术更新是持续且迅速的。从 2G、3G、4G 到现在的 5G，每一次的技术更新和代替都意味着数量庞大的设备更新，这对于设备提供商以及后续的应用开发商来说都是大量的商机。

但同时，高科技行业的特点也决定了这是一个风险较高的行业。每一次技术变革都可能带来公司地位的颠覆，因此对于公司来说必须具有持续的技术创新能力，并且需要合理的规划以适应行业发展的变化。

总之，IT 与通信技术行业相较于其他行业有着更为显著的特色，包括快速的创新能力、高的行业集中度、技术密集、必要性和普遍性以及最强的网络效应等，这些特点决定了该行业包含了巨大的潜在商机和挑战。

（二）生物技术与医疗健康行业特点

生物技术与医疗健康行业在全球经济中占据相当重要的地位，带动着各类投资需求和商业运作。而对于货币政策变动而言，其对生物技术与医疗健康行业投资决策的影响，体现了微观经济运行和宏观调控策略之间的复杂关联和相互作用。生物技术与医疗健康行业的特点对于理解这种影响有着深远的意义。

生物技术与医疗健康行业具有自身特点和投资逻辑。生物技术的飞速发展，使其在科技创新、产品研发以及产业布局等方面显示出强烈的活力与潜力。生物技术公司往往需要较大规模的研发投入，技术更新迅速，知识产权保护强，商业模式创新和前瞻。医疗健康行业则因其紧密相关的社会公共需求、政策引导以及市场规模庞大等因素，表现出稳健的增长潜力和业务模式创新。

贯穿于生物技术与医疗健康行业的研发及创新活动，投资需求大且具有长期性，对于融资环境和成本极为敏感。因此，生物技术与医疗健康行业对货币政策的变动响应明显，尤其是在货币政策变动的重要节点，可能对公司投资决策造成明显影响。例如，当货币政策偏紧，使得公司融资成本上升时，可能导致某些高科技公司暂缓或减少一些研发投入，从而对公司的长期发展产生一定影响。

然而，生物技术与医疗健康行业具有很强的反周期特性，尤其是在医疗健康领域，受市场经济周期影响较小。因此，即使在货币政策偏紧的环境下，这一行业的投资需求和投资决策仍然保持稳健。反之，当货币政策偏松时，企业融资成本降低，企业的投资更为活跃，研发投入和产业布局可能进一步加大。

另外，生物技术与医疗健康行业的投资回报期长、风险大，引导和优化其投资决策对实现行业健康发展有着重要作用。此时，货币政策的调整方向和力度会对这些企业的财务管理，尤其是流动性管理产生重要影响。对于高科技上市公司来说，持有足够的流动性以应对货币政策调整是非常必要的。

在生物技术与医疗健康行业中，企业对货币政策敏感性的强弱，往往与其所处的成长阶段、市场定位、行业竞争格局以及业务模式等因素紧密相关。这也会在一定程度上决定着企业对货币政策变化的应对策略和投资决策。

综上而言，货币政策变动对于高科技生物技术与医疗健康行业的投资决策影响显著。然而，不同的企业根据其特点和战略，可能会有不同的反应和策略。这也是为什么生物技术与医疗健康行业中的企业在面对货币政策调整时，需要充分考虑自身的特点和市场环境，以作出最佳的投资决策。

（三）新能源与环保技术行业特点

新能源与环保技术行业是高科技行业中一个重要的子行业，具有其特点。首要的是，这一行业与传统能源行业相比，有极强的创新性与前瞻性。由于全球能源短缺与环境污染问题的严峻性，新能源与环保技术的研发与应用受到了国内外众多政府和企业的关注与投资。新能源技术不断创新，环保技术更新迭代，这一行业中洋溢着强烈的科技创新气息。

在新能源方面，无论是太阳能、风能、生物质能，或是核能、氢能等，都需要深度的科技研发支持。这些新能源技术具有清洁、可再生、低污染等优点，能够有效地解决传统化石能源的短缺与污染问题。但同时，由于新能源技术的不稳定性与成本问题，需要长期的科技持续投入，进一步优化技术与降低价格。

环保技术方面，无论是废气净化、废水处理，或是固废利用、环保材料等，也需要深度的科技研发支持。这些环保技术能够有效地解决现有的环境污染问题，极大地改善和保护环境。但同样，由于环保技术的复杂性与高成本，也需要长期的科技持续投入，进一步完善技术与降低成本。

此外，新能源与环保技术行业还具有市场潜力巨大、政策引导明显、风险与机遇并存的特点。市场潜力巨大，来源于全球能源短缺与环境污染问题的困境，人们对于新能源与环保技术有着迫切的需求。政策引导明显，源于各国政府对于新能源与环保技术的重视与扶持，常常通过财政补贴、税收优惠等政策引导企业投入研发与应用。风险与机遇并存，来自这一行业的科技不确定性与市场竞争激烈，企业在获得巨大利润的同时，也可能承受巨大的研发失败风险。

这就是新能源与环保技术行业的特点。如何理解和把握这些特点，对于高科技上市公司的投资决策，无疑具有重要的指导价值。在货币政策变动中，高科技上市公司应综合考虑新能源与环保技术行业的特性，谨慎度量利润与风险，作出科学的、理性的投资决策。

（四）空间与航空技术行业特点

空间与航空技术行业是高科技行业的重要组成部分。在全球经济快速发展的今天，这个行业得到了迅速的发展和突破，尤其对高科技上市公司的投资决策带来了重大影响。深入探究空间与航空技术行业的特点，不仅能发现其对货币政策变动的反应，更能理解其内在的制约和驱动力，进而优化高科技公司的投资决策。

空间与航空技术行业的特点体现在众多方面。研发投入大、技术更迭快、新产品开发周期长、风险高是这个行业主要的特征。因为行业需要大量资金投入研发，这使得空间与航空技术行业对货币政策的敏感度较高，货币政策的变动会直接影响企业的研发决策。当货币政策收紧时，企业的研发投入可能萎缩，从而影响技术创新和新产品开发；反之，当货币政策宽松时，企业有可能会加大研发投入，推动技术创新和新产品研发。

另外，空间与航空技术行业是一个高度专业化的行业，技术含量高、复杂性大，需要高度专业化的人才队伍，而人才成本是企业经营的重要组成部分。货币政策变动会影响企业的人力资本投入，从而影响企业的研究与开发能力。当货币政策宽松，流动资金充裕时，企业对人才的引进和培养投资可能会增加；反之，货币政策收紧，流动资金紧张时，企业可能会削减人力资本投入。

此外，空间与航空技术行业还表现出显著的周期性。由于新产品开发周期较长，市场需求的变化会对企业的经营带来较大的影响。如何在经济周期的波动中稳住经营，找出经济增长的新动力，需要企业和政策决策层把握好经济周期的节奏。在这一点上，货币政策的适时变动将对企业的投资决策产生影响。

垄断性是空间与航空技术行业的另一大特点。由于技术壁垒、资金壁垒和政策壁垒，使得行业竞争格局基本稳定，企业数量相对较少。这种垄断性使得企业对货币政策的反应可能与其他行业有所不同。这就需要政策制定者在收紧或宽松货币政策时，充分考虑这一行业特殊的市场结构，避免出现政策效果的异化现象。

综上所述，空间与航空技术行业的特点，无论是研发投入大、产品开发周期长、技术含量高和对员工素质有较高要求，还是行业的周期性和垄断性，都使得其对货币政策变动的反应显得尤为复杂。因此，在制定和调整货币政策时，对于空间与航空技术行业的投资决策，应做到精准施策，以促进企业和行业的健康发展。同时，作为高科技上市公司，也应充分认识到这些特点，以便更好地应对货币政策变动，使投资决策更有针对性和效果，这对于推动我国空间与航空技术行业的发展，实现经济转型和科技创新有着重大的意义。

（五）人工智能与机器人行业特点

我国作为世界第二大经济体，经济发展之快速大大提升了我国高科技行业的实力，其中的明星行业之一便是人工智能与机器人行业。

人工智能与机器人行业在未来经济社会发展中占据着举足轻重的地位。这个行业的一个显著特点就是持续研发创新。相较于其他行业，人工智能与机器人行业依托于强大的科技背景，每天都有新技术、新产品和新应用被开发出来。研发投入多、快速迭代和产品更新换代是这个行业的主要特点。因此，从投资决策角度来说，货币政策的变动可能会对该行业的研发投入造成直接影响。

另一个主要特点就是该行业是知识和技能密集型行业。人工智能与机器人行业对人力的需求不仅仅是数量，更重要的是质量。这个行业对从业者的知识和技能有很高要求，也意味着大量的人力资源投入。货币政策的变动可能会影响高科技企业对于人力资源的招聘和留任，也可能影响整个行业的人力资源配置。

与此相伴的还有产业链的复杂性。人工智能与机器人行业涉及的领域广泛，从硬件设备制造，到软件开发，再到数据处理和信息分析，其产业链长度相对较长，复杂性相对较高。货币政策的变动可能会对行业的供应链管理、制造成本、销售价格等多个环节产生影响。

人工智能与机器人行业的市场前景广阔是另一大特点。此行业产品的应用范围越来越广，行业发展的空间和潜力巨大。货币政策的变动可能影响企业的扩张计划，从而直接影响盈利和市值。

然而，人工智能与机器人行业也面临着风险和挑战。这个行业的竞争压力大，技术更新换代快，如果不能跟上行业的快速发展节奏，很可能会被淘汰出局。而且，人工智能与机器人行业的风险投入和研发投入是成正比的，对资金需求大。另外，由于涉及大量个人信息和数据安全，该行业在产品研发和应用过程中很可能面临政策调整和法规严格等风险。

综上所述，货币政策的变动可能会通过多个渠道影响人工智能与机器人行业的投资决策。不同的货币政策由于会产生不同的经济环境，从而会对人工智能与机器人行业的市值、人才招聘、研发投入、产业链管理、盈利和扩张计划等产生影响。在可预见的未来，人工智能与机器人行业的发展仍将对全球经济发展产生重大影响，而货币政策的选择和调整对于行业的影响需要持续深入的研究。

四、高科技行业的竞争环境分析

在探讨货币政策变动对高科技上市公司投资决策的影响时，对高科技行业的竞争环境分析是一个不可或缺的环节。尽管高科技行业各具特色，但是其共性之一就是竞争日趋激烈。下面将详细分析高科技行业的竞争环境。

竞争环境对于任何行业都是一个极为重要的话题，尤其是对于高科技行业而言。从宏观角度上看，高科技行业的竞争环境主要受全球科技发展趋势、政府政策、经济环境、市场需求等多方面因素的影响。此外，行业内部的竞争格局、公司的战略选择、创新能力等也对其施加着重要影响。

高科技行业的竞争环境具有明显的全球性特征。面对全球化和信息化的双重驱动，高科技行业的产品、服务、技术和市场都存在着高度的相互渗透和竞争。即便是行业内的巨头，也无法独享市场，时刻面临着世界各地的竞争对手的挑战。

政府政策也对高科技行业的竞争环境影响深远。各国政府在技术创新、知识产权保护、市场开放等方面的政策取向和力度，往往会直接影响高科技企业的竞争地位和策略选择。譬如美国政府在芯片、人工智能等关键领域给予了大量资金扶持和行业优惠政策，这为美国的高科技公司提供了强大的竞争优势。

经济环境的变化也会对高科技行业的竞争格局带来影响。例如在经济衰退期间，消费者的购买力下降，科技产品和服务的需求也可能减弱，从而加剧企业之间的竞争。反之，在经济繁荣时期，由于消费者信心和购买力的提升，竞争压力相对较小。

从行业内部来看，高科技行业的竞争主要集中在技术创新、品牌形象、市场占有率等方面。其中，技术创新是核心竞争力的主要体现。高科技公司常常通过封闭研发、全球布局、技术引进等多种方式，提升技术创新能力，以获得竞争优势。

此外，高科技行业的竞争环境还体现在市场需求的快速变化上。科技产品和服务的生命周期往往较短，消费者需求又常常变化莫测。因此，高科技企业在关注技术创新的同时，还必须善于捕捉市场需求变化，灵活地调整产品和服务。

综上所述，高科技行业的竞争环境复杂多变，各类因素交织影响，使得竞争异常激烈。无论是全球化带来的广泛竞争、政府政策带来的影响，还是市场需求和技术创新带来的挑战，都需要高科技上市公司深入研究和应对。将这些因素纳入投资决策，将对高科技上市公司的长期发展起到关键性作用。

五、高科技行业的市场前景与风险点分析

高科技行业是当今社会经济发展的重要驱动力和支柱产业。高新技术的快速发展与深入应用催生了众多新兴产业，如互联网、人工智能、生物科技、新能源汽车、飞机制造等，使得高科技行业日益多元化和细分化，成为全球经济增长的主动力。

高科技行业以科技创新、知识密集以及产业链的高度集成化为主要特点。与传统行业相比，高科技行业更具有技术独特性、更新换代快、需求变化大等特征。这种特性使得高科技行业的市场前景一片光明，但同时也存在不少风险点。

一个看似繁荣的高科技行业可能会带来巨大的市场前景，但背后的风险也

不容忽视。技术进步的快速性使得高科技行业的风险较高，尤其是技术相对封闭及高新技术更新换代的风险。与此同时，高科技行业的产品或服务通常需要市场的长期接受和认知，从而存在市场接受度低的风险。

此外，高科技行业还面临着人才资源的风险。这个行业依赖于优秀的科研团队和技术人才，人才资源的流失会直接影响企业的核心竞争力。同时，高科技行业的研发投入巨大，如果不能及时产出符合市场需求的产品或服务，公司的经营压力就会相当大。

虽然高科技行业的风险点众多，但其巨大的市场前景仍是吸引投资者的主要因素。随着技术的不断创新，以及人工智能、大数据、云计算等新兴技术的发展，高科技产品在各行业中得到了广泛的应用。高科技行业也将通过服务于更广泛的消费者，创造更多的经济效益。

当然，市场前景的好坏也在很大程度上取决于政府的政策调控。国家对高科技行业往往给予扶持的政策，例如提供研发基金、税收优惠等，以刺激高科技企业的创新活动。然而，政府的政策调控也可能成为高科技行业的风险点之一，因为政策的变动可能会对企业的发展策略和经营环境产生影响。

总之，高科技行业的市场前景一般比较乐观，但风险防控必须做到位。同时，企业需对市场需求、政策环境、资源条件等多方面的变化、影响有所了解和预测，从而制订合适的策略和规划，实现可持续的发展。

第二节　货币政策变动对不同高科技行业投资决策的影响

一、货币政策变动对半导体制造高科技行业投资决策的影响

货币政策变动对企业投资决策产生重大影响，对高科技上市公司尤其如此，并且在不同行业间表现出明显的差异。本部分将具体探讨货币政策变动对半导体

制造高科技行业投资决策的影响。

半导体制造业是我国高科技领域的重点发展行业，其一直致力于产品研发、技术创新和市场拓展等方面的投资。对于这个行业的投资决策来说，宏观经济环境的变化是其重要的外部考虑因素。货币政策作为宏观经济环境的重要组成部分，其变动对于半导体制造业的投资决策有着深远的影响。

政策紧缩时期，货币供应量减少，通常会提高企业的融资成本，因此对半导体制造业来说，可能会面临融资难、融资贵的问题。这对于注重研发与创新，且经常需要大量资金投入的半导体行业来说，可能会使得其投资计划受限。此外，由于货币紧缩政策往往伴随着经济下行压力，可能会导致市场需求下滑，半导体行业的市场预期也可能因此变得悲观，进一步影响其投资意愿。

而在政策宽松时期，货币供应量增加，一般可降低企业的融资成本，这对半导体行业来说，更有可能提供利于其研发和创新的资金环境，从而增加其投资意愿。另外，货币宽松政策常常意味着经济扩张，这对市场是利好的消息，因此或许会使得半导体行业的市场预期变得乐观，也可能提高其投资的积极性。

具体到半导体制造业内部，由于各公司的融资能力和项目可行性等因素呈现出差异，因此，即便在相同的货币政策影响下，不同公司的投资决策也可能出现差别。尤其是对于需要大量资金支持的研发型公司，公司的决策可能会更受货币政策影响。而对于运营相对稳定的半导体制造业，其在货币政策变动下的投资决策则可能更注重市场策略的调整。

总的来说，货币政策的变动对半导体制造高科技行业的投资决策有着深远的影响，而且表现出多元化的态势。公司需要对货币政策的更迭保持敏感，以便于在变动的财务环境中作出适应的投资决策。同时，宏观货币政策决策者也需要考虑到政策对高科技行业，特别是半导体制造行业的影响，以实现货币政策的最大效用。

二、货币政策变动对生物科技高科技行业投资决策的影响

在讨论货币政策变动对生物科技高科技行业投资决策的影响时，必须首先明确两个核心概念，即货币政策和生物技术行业。一般来说，货币政策包括调整

利率、调控通货膨胀和控制货币供应量等措施，旨在通过影响经济活动来达到经济稳定和增长的目标。而生物科技行业则涉及生物技术在医疗、农业、工业等方面的应用。

在货币政策环境发生变化时，生物科技高科技行业上市公司的投资决策会产生相应的反应。举例来说，货币政策从紧转松，导致市场信贷环境宽松，融资成本降低，这对生物科技行业更是如此。由于生物科技行业的研发周期长、投入大、风险高，更需要充足的资金支持，因此融资环境的改善有利于生物科技行业公司的投资决策。

但是，货币政策的变化也会带来风险。比如，货币政策的收紧可能会导致资金面紧张，贷款利率上升，增大了企业的融资成本，影响了企业的投资决策。更糟糕的是，如果货币政策过于紧缩，可能会引发经济下行，影响企业销售，进而影响投资决策。

此外，货币政策变动对生物科技高科技行业投资决策的影响还取决于投资者的期望。例如，如果政策放宽引起了投资者对通货膨胀的恐慌，那么即使利率水平低，企业也可能放弃投资，因为未来通货膨胀会侵蚀投资回报。另外，如果货币政策紧缩引起经济衰退的担忧，投资者可能会选择投资于具有抗风险能力的生物科技行业。

在考虑货币政策变动对生物科技行业投资决策的影响时，还需要考虑到行业特性。生物科技行业的研发周期长、投资门槛高和风险大，意味着这个行业更易受到货币政策影响。这是因为研发周期长使得企业对未来利率和通货膨胀的预期更加重要。生物科技行业的投资门槛高使得企业需要大量融资，因此对融资成本更敏感。而不确定性和风险大使得企业在投资决策时需要更多的稳定和预见性。

从上述分析可以看出，货币政策变动对生物科技高科技行业投资决策的影响是多层面的。一方面，货币政策变动会影响生物科技行业的融资环境和成本，进而影响企业的投资决策。另一方面，货币政策变动会影响投资者的期望，从而间接影响企业的投资决策。同时，生物科技行业的特性决定了其对货币政策的敏感度。因此，在具体分析货币政策对生物科技行业投资决策的影响时，必须具体问题具体分析，不能笼统地概括。

三、货币政策变动对信息技术高科技行业投资决策的影响

货币政策变动对所有经济活动的影响无疑是深远的，其中包括对信息技术高科技行业投资决策的影响，这是一个值得深入探讨的重要主题。从理论和经验上来看，货币政策变动不仅对经济总体水平产生影响，同时也会对具体的行业，包括信息技术高科技行业产生深远影响。

货币政策变动可以通过多个渠道对信息技术高科技行业企业投资决策施加影响。首要的影响途径是通货膨胀率和贷款利率的变动。当央行决定扩大货币供给以刺激经济时，通常会导致通货膨胀率的上升和贷款利率的下降。这种变化会使企业的资金成本降低，相应地也会降低企业的投资门槛。反之，当央行决定紧缩货币供给以控制通货膨胀时，通货膨胀率的下降和贷款利率的上升则会提高企业的资金成本，导致企业投资决策变得更为谨慎。

另外，货币政策变动对信息技术高科技行业投资决策的影响也可以从经济预期，特别是经济增长预期的角度进行解析。从理论上来说，货币政策的宽松或紧缩对经济预期产生影响，进而影响企业投资决策。当经济预期利好时，有利于企业扩大投资或新进入市场。此时，信息技术高科技行业往往能从中受益，因为这个行业是经济增长的重要驱动之一。

进一步来看，货币政策变动对信息技术高科技行业投资决策的影响还表现在资产价格的变动上。信息技术高科技行业一般有较大的标的资产需求，因此投资决策与资产价格密切相关。货币政策剧烈变动时，金融市场的反应或许更具戏剧性，这肯定会影响资产价格，进而影响到企业的投资决策。

最后，亦须强调的是，货币政策变动影响投资决策的过程中，还有一个影响因素是企业对货币政策变动的预期和解读。不同企业对同一货币政策的理解和预期会有所不同，这将决定它们在面对货币政策变动时，进行投资决策的策略和行动。

为此，信息技术高科技行业在面对货币政策变动的压力时，需要从多个角度进行分析和应对。这包括理解货币政策变动的实质、抓住货币政策变动对经济

环境的影响规律，以及对自身投资策略进行动态调整和优化，以实现企业价值的最大化。

四、货币政策变动对高级制造高科技行业投资决策的影响

在逐步扩大高科技上市公司的研究视角中，货币政策变动对高级制造业高科技行业的投资决策影响是一个值得深入探讨的议题。高级制造业作为高科技行业中的重要一环，其投资决策的变动直接影响公司的行业竞争力，进一步动摇国家经济的稳定性。而货币政策，作为国家对经济活动进行宏观调控的重要手段，对高科技上市公司的投资决策有着深远的影响。

货币政策的变动，主要表现在利率、货币供应量等方面的调整，从而影响高级制造业高科技公司的投资决策。一方面，利率的变动直接影响公司的融资成本。如若实施紧缩性货币政策，即提高利率，则借贷的难度增加，公司的融资成本将上升，对投资决策构成了限制。另一方面，货币供应量的变动影响企业投资的效益。如果货币供应量减少，投资所得效益可能降低，对公司投资决策产生不利的影响。

同时，货币政策对高级制造业高科技公司投资决策的影响也存在行业特性。高科技行业的大部分企业为知识密集型企业，研发投入与产出间的相关性不明显，投资决策具有高风险。若货币政策变动带来的利率提高导致企业融资成本增加，可能会降低企业的投资意愿，降低企业的研发投入，从而继续影响高科技公司的核心竞争力。因此，货币政策对高科技行业的影响是多样性的，必须结合行业特性进行具体分析。

货币政策的变动不仅影响高科技公司的投资决策，更影响到公司的发展策略。例如，面对宽松的货币政策环境，企业可能选择旺季融资，用于生产线扩展，以获取规模效应，提高企业竞争力。而在紧缩性货币政策环境下，公司可能选择保守的投资策略，抑制风险。

总体来看，货币政策的变动对高级制造业高科技公司的投资决策有着莫大的影响。并且，还要看到，由于货币政策的策略性和预见性，企业应当善于分析货币政策的趋势，合理预测并判定未来企业的投资决策方向，如此，才能在复杂

多变的经济环境下，更好地把握机遇，发展壮大，增强企业的核心竞争力。同时，对于政府部门来说，制定和实施货币政策时也需要充分考虑其对不同行业、不同公司的影响，以避免对某一特定行业或企业的不利影响。

五、货币政策变动对新能源高科技行业投资决策的影响

货币政策变动对新能源高科技行业投资决策的影响非常显著。货币政策是管理货币供给的手段，政策的主要目标是控制通货膨胀、稳定经济或促进经济增长。一般来说，宽松的货币政策可以增加投资意愿，对新能源高科技行业的投资决策起到积极的推动作用；而紧缩的货币政策则可能导致投资决策的保守。所以，货币政策和高科技企业的投资决策是密切相关的。对于新能源高科技行业来说，这种影响更为显著。

理论上，经济学家普遍认为，货币政策会在以下几个方面影响投资决策：市场利率、公司现金流、信贷规模及成本，以及企业的风险态度等。而在新能源高科技行业中，这几个方面具有特殊表现。为了更好地理解货币政策变动对新能源高科技行业投资决策的影响，必须先了解新能源高科技行业的一些基本特性。

新能源高科技行业主要是指以生产、使用新能源及新能源产品服务为主的产业，其主要特征是技术密集、资本密集和风险高。因此，新能源高科技行业对资本的需求量大，对利率的敏感度高，对货币政策变动的响应强烈。在这些行业中，货币政策变动的影响远远超过其他一般性行业。

货币政策变动对新能源高科技行业投资决策的影响主要体现在以下几个方面。首先就是利率变化。提高利率将使得借款成本升高，从而降低新能源公司的投资欲望。而降低利率则有助于降低借款成本，激发公司的投资欲望。新能源公司的投资决策高度依赖对未来货币政策变动的预期。

其次，在减税方面，货币政策宽松与减税往往同步进行，这也有利于新能源公司的投资决策。由于新能源高科技行业投资风险大、回报周期长，因此在税收政策上往往可以得到国家的优惠政策，进一步减轻企业负担，鼓励企业增加投资。

除此之外，货币政策变动也会影响到企业融资的方式和成本。通过发行更

多货币，可以降低企业的融资成本。而一旦货币政策由宽松变为紧缩，企业的融资成本会升高，这可能会让企业止步不前，对新能源项目的投资作出负面的决策。这一点，在新能源高科技行业尤为突出，因为新能源高科技行业的项目投资十分巨大，对融资成本的制约很大。

在现实操作中，货币政策变动对新能源高科技行业投资决策的影响还体现在信贷规模以及审批流程的变化上。在货币政策宽松的时期，贷款规模放松，审批流程简化，有利于企业获取资金；货币政策紧缩的时候，信贷规模收缩，审批流程烦琐，这就制约了企业的投资。这都会影响到新能源高科技行业投资决策的制定。

就新能源高科技行业来说，货币政策变动不仅会影响各企业的投资决策，还会对整个新能源高科技产业链产生深远影响。因此，企业在制定投资决策时，应充分考虑货币政策变动对自身以及相关产业链的影响，作出最优的投资决策。

六、货币政策变动对新材料高科技行业投资决策的影响

货币政策是决定金融市场利率、资本流动、汇率水平等金融要素价格的重要手段，进一步影响企业投资、消费和国际贸易等实体经济活动。其中，高科技行业由于其高投资、高风险的特性，更容易受到货币政策的影响。

新材料高科技行业是一个涵盖了各种创新材料研发和应用的产业，包括但不限于纳米材料、生物材料、新型合成材料等，其特点是技术含量高、产业链条长、投资回报周期长。而货币政策的实质是每个国家央行以控制货币供应量、调整市场利率或汇率等手段来实现经济稳定、防止通货膨胀或通货紧缩、促进经济增长等宏观经济目标的总体策略。

货币政策变动对新材料高科技行业的影响主要体现在以下几个方面。首先是借款成本。无论是扩大生产规模，还是进行研发投入，都需要大量的资金，新材料高科技行业对资金的需求更是十分巨大。当央行实施宽松货币政策，降低利率的时候，企业借款的成本就会降低，这在一定程度上降低了企业的投资压力。反之，如果央行实行紧缩货币政策，企业的借款成本就会升高，企业可能会减少投资，或者转向寻求其他的融资方式。

其次是经济环境。货币政策会影响整个经济的运行，宽松的货币政策往往伴随着经济增长，企业盈利空间会大大提高，反之，紧缩的货币政策则可能引导经济走向衰退。对于新材料高科技行业来说，繁荣的经济环境意味着更多的机会，而衰退的经济环境可能导致需求减少，投资回报大大减少。

最后是预期影响。货币政策的变化往往会引发市场预期的变动，影响企业和投资者的投资决策。当央行宣布实施宽松货币政策时，市场对未来经济情况的预期可能会变好，企业和投资者可能会加大投资力度。反之，如果央行宣布实行紧缩货币政策，市场对未来经济的预期可能会变差，企业和投资者可能会减少投资。

综上所述，货币政策变动对新材料高科技行业投资决策的影响主要体现在借款成本、经济环境和预期影响三个方面，企业在制定和调整投资决策时，需要充分考虑到货币政策的变化对企业投资决策的可能影响，并根据市场条件和自身实际情况，作出恰当的决策。

第三节　行业差异的原因、启示与政策建议

一、行业差异源于何处

作为一种复杂且动态的现象，行业差异的产生源于多个方面。企业是一个典型的多元化体系，不同企业所面临的外部条件和内部条件尽管存在公共性，但更重要的是他们之间的差异性。行业差异主要表现在市场需求、技术创新、政策环境等多个维度，本部分会对这些方面进行详细解析。

市场需求的差异性是行业差异的重要来源。通常来说，企业所处的行业决定了其市场需求的特性。高科技行业涵盖了生物技术、信息科技、纳米科技等众多领域，各领域之间市场需求规模、增长速度以及消费者偏好等因素存在显著差异。这种差异性将导致企业对货币政策变动的响应机制也存在显著的差异。例如，在需求较为稳定的传统高科技行业中，企业可能更倾向于定期调整投资方向

和规模以应对货币政策的变动；而在快速增长的新兴高科技行业中，企业可能会实行更加激进的投资策略以获取市场份额，从而对货币政策的敏感度更高。

技术创新的速度不同亦是行业差异的一个重要推动力。就高科技上市公司而言，新产品的开发成功及其商业化的成功往往取决于技术创新的速度与成果。在这种背景下，货币政策变动将影响企业研发投资的成本和回报，从而使得各行业公司对货币政策的反应显示出差异。例如，对于那些依赖大规模研发的行业来说，如生物医药和信息科技，货币政策的紧缩可能会对其投资决策产生显著的负面影响；相反，对于那些以技术应用为主导的行业来说，如科技服务和科技制造行业，货币政策变动可能对其投资决策的影响较小。

政策环境也是一个不可忽视的因素。随着国家对科技政策的日益重视和产业政策的逐步完善，不同行业的政策环境对高科技上市公司的投资决策具有显著的影响。毋庸置疑，政策的差异性理应反映在行业差异性上。例如，受到政府大力支持的新能源、AI 等战略新兴产业，即使在货币政策紧缩的情况下，也能通过政策优惠等方式，较小程度地受到影响。相反，那些政策环境较为恶劣或者没有得到政府足够支持的领域，货币政策的变动可能会放大其投资风险，对企业的投资决策产生直接和重大的影响。

此外，企业内部管理体系和战略规划也会对货币政策的采纳和执行产生影响，使得同属高科技上市公司的企业在面临相同的货币政策变动时，表现出不同的行业差异。例如具有良好的内部管理体系和清晰的战略规划的高科技上市公司，其对货币政策的反应往往更为积极和主动，以便更好地利用货币政策变动带来的机会。

整个社会经济体系中，微观的企业、行业与宏观的经济政策之间，构成了一个相互影响的系统。货币政策的变动，既是一个宏观环境变量，也是一个政策工具。它对高科技上市公司投资决策的影响，是多维度、多因素交织的复杂过程。这就需要深入研究，找出那些影响的主要源头，这样才能更加精准地把握货币政策对高科技上市公司投资决策的影响规律，更好地为企业管理实践和宏观政策制定提供理论和实证的支持。

二、货币政策对行业差异的角色分析

货币政策对行业差异的角色分析是研究货币政策变动对高科技上市公司投资决策影响的重要环节。确切地说，货币政策变动通过带来经济运行环境的改变，进而影响各个行业的盈利能力、投资环境等，通过这个路径，对各行业中高科技上市公司投资决策产生影响。

在货币政策的制定和操作中，国家总是会因为复杂多变的经济环境、经济发展阶段、经济结构、宏观调控目标等因素的影响，以及政策工具的有限，而选择对某些行业实施更为优惠的货币政策，这必然会扭曲市场资源的配置，引起行业之间的差异，进而改变高科技上市公司的投资决策。

例如，对于高科技行业而言，由于其具有资本密集、技术密集、边际投资收益较高等特性，提高资金成本的货币政策可能会在一定程度上抑制其投资热情，反之，则会激发其投资的积极性。同时，由于高科技行业对于金融条件敏感度较高，货币政策变动对于其投资决策影响也较其他行业要大。

此外，货币政策变动对行业差异的影响，不仅体现在宏观层面上的经济运行环境的改变，也体现在中观层面的高科技上市公司的资金供应、投资环境等方面的改变，这也为具体研究货币政策变动对高科技上市公司投资决策产生差异的原因和机制提供了重要的剖析角度和途径。

货币政策变动不仅可以通过直接改变行业内高科技上市公司的投资成本，间接改变其预期的运营环境和盈利能力，也可以通过影响其资金供应状况，对行业内高科技上市公司投资决策产生最终影响。需要注意的是，在这一过程中，货币政策既有可能加剧行业内投资决策差异，也有可能减少投资决策行为差异。

因此，对于货币政策变动对行业差异的影响，不仅应考虑到单一方面的影响，如改变投资成本的影响，还应全面考虑货币政策变动可能产生的多重效应，从战略的视角来进行宏观决策。

总的来看，针对货币政策对行业差异的角色分析，一方面需要深入研究货币政策变动对高科技上市公司投资决策影响的原理和机制，通过理论上的深化和细化，逐步揭示各种影响因素的作用机理，以期能为政策制定者提供更准确的决策参考；另一方面，既然差异已经存在，那么就需要在政策制定和执行过程中，充分考虑到各种差异性因素，既要注意到有利于投资决策的因素，也要防范不利于投资决策的影响，以期在调控的过程中，能够实现经济效益和社会效益的双赢。

三、行业差异对投资决策的影响

行业差异对投资决策的影响是一个必须关注的问题，因为不同行业的内在经济环境、经营模式以及市场需求等因素均存在不同，这些都会影响到公司的投资决策。另外，高科技上市公司的投资决策是多重因素共同作用的结果，其中，货币政策变动以及如何适应这种变动，是非常重要的一环。

在当今的市场经济中，货币政策变动的影响力越来越大，变动的货币政策对高科技上市公司的投资决策产生了直接或间接的影响。其中，各个行业的差异对投资决策影响的效果也存在显著的差异，产生这些影响差异的原因包括但不限于行业特性、公司业务模式、市场需求变化、竞争态势等。

行业差异主要体现在行业特性上，每个行业都有其独特的属性，这些属性影响着企业的投资回报率、投资风险、投资期限等。例如，对于需要大量研发投入的高科技企业来说，研发投入是其中重要的一环，货币政策的变动可能会影响其研发投入的决策，进而影响长期发展。

公司业务模式的差异使得货币政策变动对投资决策影响的程度和方向都存在差异。例如，对于依赖海外市场的企业而言，货币政策的变动可能导致汇率波动，这会对企业的投资决策构成影响；而对于主要依赖国内市场的企业来说，货币政策的变动可能主要影响其利率成本，进而影响投资决策。

此外，市场需求的变化也会对投资决策产生影响。在经济周期的不同阶段，货币政策的宽松或紧缩都会引发产品需求的波动，如果企业不能及时调整其投资决策，将可能导致企业的盈利水平下降。而高科技行业的产品更新换代速度较快，经济周期的影响可能较为显著，因此行业差异对投资决策的影响尤为明显。

针对以上分析，高科技上市公司在进行投资决策时，应高度关注货币政策的变动，尤其是要注意货币政策变动在不同行业中的异质性影响。具体的政策建议包括：首先，企业应根据自身的行业特性和业务模式，合理预测和评估货币政策变动对投资决策的影响，以优化投资决策；其次，各级政府部门应在制定货币政策时，充分考量到政策对不同行业投资决策的差异性影响，以期降低企业的投资风险，促进经济的稳定和快速发展；最后，资本市场监管机构应进一步完善相关制度设计，保护投资者权益，维护市场的稳定运行。

四、行业差异的管理启示

在经济运行的过程中，货币政策会随着宏观环境的变化而进行调整。这种调整会影响高科技上市公司的投资决策，并且这种影响程度在不同的行业中存在明显的差异。了解这种差异以及其背后的原因，可以为经济管理提供有益的启示。

管理货币政策的过程中，需要考虑到货币政策对不同行业的不均等影响。例如，高科技行业由于其研发投入的特性，往往对货币政策的变化更为敏感。相较之下，传统行业则可能对货币政策的小幅调整较为适应。因此，对货币政策变动对不同行业的影响要进行差异化管理，考虑到表现形式、影响程度的不同，因地制宜，做到"以人为本"。

在宏观政策层面，应该清楚地认识到，货币政策并非万能的。在促进经济稳健发展的同时，不能忽视它对行业发展的影响，尤其是对高科技行业的影响。推动经济发展和确保各行业之间的平衡，是政府部门在制定和实施货币政策时需要把握好的两个方向。

货币政策的制定、执行以及后续的调整，需要充分考虑企业所处的特定行业环境。货币政策的变动可能在短期内带来一些行业的波动，但如果政策制定者能正确理解行业差异，及时采取有效措施对冲产生的影响，那么这种变动就可能带来经济结构的优化，有利于经济的长期稳定和增长。

在行业层面，高科技上市公司作为行业的参与者，需要对货币政策变动有敏锐的洞察力。处于不同行业的高科技上市公司需要积极应对潜在的不确定性，如通过对未来货币政策的预估，提前做好盈利预期的调整，避免被货币政策变动带来的市场震荡所动摇。

行业差异管理的启示不仅仅适用于货币政策，还包括技术创新政策、产业政策等其他政策。政策制定者和行业企业应该时刻保持警惕，防止政策变动带来行业内部格局变动。同时，有了对行业差异的认识，将能更加有效地管理和利用这些差异，有助于更深入理解和使用当前政策工具，进一步推动社会经济的发展。

总结起来，理解行业差异和管理行业差异，对于把握货币政策的变化、优化公司投资决策和管理经济发展，具有极其重要的意义。政策制定者、企业经营者以及各方决策者，都需要从宏观和微观两个层面出发，全面理解和把握行业差异的管理启示，为我国经济健康发展提供有力的支持。

五、货币政策调整对行业差异的战略应对

货币政策是影响一个国家经济运行最重要的政策之一，其对于高科技上市公司投资决策有着显著的影响。当深入研究此问题时，会发现在货币政策调整后，各类上市公司，特别是高科技上市公司的投资策略会有所不同。针对货币政策的调整，不同行业的战略应对也会存在明显的差异。

那么，行业差异的产生究竟是何原因呢？研究后发现，不同行业对于资金的需求强度和资金的使用周期有所不同。在持续推进科技创新的过程中，高科技企业投入大量的资金进行技术研发，针对未来市场发展方向调整战略，因此这类企业对于资金的需求强度较高。而且由于高科技产品的生命周期较短，市场变动较为激烈，资金的使用周期也相对较短。因此，对于国家货币政策的调整，高科技上市公司的反应更为敏感，他们需要快速作出适应性的战略调整。

其中，战略应对的方式主要有两种：一种是调整投资决策，另一种是调整融资策略。对于投资决策而言，货币政策的宽松有利于高科技公司将更多的资金投入技术研发和市场开拓中去，而货币政策的紧缩则可能使得这些企业减少投资，更多地持有现金以应对可能的资金压力。而在融资策略方面，货币政策的调整将影响贷款利率和债券市场，公司可能需要重新评估自身的资本结构，作出有益于自身的决策。

然而，在实际的战略应对过程中，如何做到有的放矢，给出具体对策对于企业来说十分重要。对于企业来讲，此时的关键是能否充分利用货币政策的信

息，正确预测未来的经济形势，从而作出最佳的战略决策。

对于政策制定者来说，他们需要深度理解货币政策对各个行业的影响。明确地承认这种差异性，并在政策实施过程中进行适当的照顾，这有助于整个经济体系更好地发展。同时，为企业创建更加友好的金融市场环境，降低外部融资成本，提高内部融资效率，可以使得企业更好地应对货币政策的调整。

各行业间的差异性不仅是客观存在的现象，更是在考虑货币政策实施，特别是具体到某个行业的政策实施时，必须要考虑的重要因素。因此，理解这种差异，找到其中的规律，对于提出更符合实际需求的政策建议具有重要意义。货币政策对高科技上市公司投资决策的影响不可忽视，各个行业对货币政策调整的战略应对和行业差异也应被高度关注。在未来行业发展的路上，充分利用货币政策的调整，根据行业特点制定出最适合自己的战略决策，将是推动高科技上市公司持续发展的一个重要因素。

六、行业差异的政策建议初探

中国的高科技上市公司在面临货币政策变动时，投资决策状况各异，这其中涉及的行业差异因素起到了关键性影响。了解这些行业差异因素并据此提出行业适应性的政策建议是十分必要的，有助于优化大型企业的投资行为。

行业差异原因的分析主要基于两个层面：行业特性以及行业景气周期。针对不同行业的特性，货币政策变动可能会引发不同的行业反应。新兴的高科技行业，通常对货币政策的变动较为灵敏。尤其是在经济周期性调整时，高科技行业由于技术更新迭代速度快，对货币政策的波动更为敏感。此外，行业景气周期也决定了企业的投资决策。例如，在行业景气周期的低谷时期，企业可能会采取保守的投资决策，以应对可能的经济风险。

指导政策建议的制定，需要基于对货币政策变动的深度理解和对所在行业差异性特征的全面掌握。以下是一些政策建议初探。

（1）针对新兴高科技行业，应该重视对公司的金融健康状态进行全面评估，以优化投资决策。建议颁布更加灵活多样的货币政策，为这类企业提供更大的发展空间和自主决策权。

（2）针对在经济周期性调整时期的行业，应该重视企业的风险管理，避免因为货币政策的波动而影响了企业的经营状况。制定一种可以适应经济周期性调整的货币政策也是极为重要的。

（3）针对行业特性不同的企业，应当建立全面深入的货币政策影响评估机制，以确保所有类型的企业都能从货币政策变动中获益。由于各行业对货币政策变动的反应不同，需定制特定行业的货币政策。

（4）无论哪种类型的企业，提升信息透明度都十分重要。政府和政策制定者应尽可能提前预告货币政策的改变，给企业足够的时间作出决策。

（5）货币政策制定者应尽可能把握经济周期的变化，预测未来可能的风险，从而制定出最优的经济政策。

政策建议的实施，需要确保对行业差异有充分的理解，并在货币政策调整中，抓住行业发展特性，找准企业优势，以实现企业和整体经济的和谐发展。尤其对于那些对货币政策波动敏感的行业，如高科技行业，适时的金融援助和政策引导，可以使其在市场经济中保持稳定的增长，引领经济发展的新潮流。

七、对未来货币政策的行业差异化建议和应对策略

本部分主要研究货币政策变动对高科技上市公司投资决策影响的行业差异以及对未来的货币政策的行业差异化建议和应对策略。由于行业之间的差异性，货币政策的影响也会显著不同，因此分析行业差异以及给出未来的策略推荐是极其重要的。此外，理解货币政策对各类行业投资决策的影响，有助于更深入地了解我国的经济体系，并为行业、公司和政策制定者提供实质性的参考。

货币政策对投资决策的影响，尤其是对高科技上市公司的影响，其实质不仅涉及财务分析、对市场状况的观察，更是一种关于公司发展战略、投资方向选择的综合判断力的考验。行业差异化对此影响颇为显著。

首先，行业结构差异是导致货币政策对不同行业影响不同的重要因素。例如，高科技上市公司所在的行业通常为资本密集型行业，相比劳动密集型行业更依赖贷款和其他形式的融资来促进扩张和创新。因此，更低的利率可能会鼓励这些公司增加投资。

其次，行业间存在的稳定与风险差异也是货币政策产生影响的重要因素。在风险较高的行业，货币政策的宽松往往更容易引发投资增长，因为这将降低公司的融资成本和经营风险。相反，在稳定行业，即使货币政策宽松，公司可能仍会抵制增加投资，因为它们可能更关注保持稳定和风险管理。

　　正因为这些复杂的行业差异，笔者对未来的货币政策提出了一些行业差异化的建议和应对策略。一方面，政策制定者宜根据不同行业的特点，精心设计和调整货币政策。例如，为资本密集型行业提供更积极的贷款利率，以促进其扩张和创新。同时，对于风险较大的行业，政策制定者应考虑到宽松的货币政策可能带来的过度投资风险。而对于稳定的行业，除了利率政策外，也许还可以通过其他方法，如资产购买计划或定向降准，来激励投资。

　　另一方面，公司也必须理解货币政策对投资决策的影响，并灵活调整自己的策略。例如，当面临宽松的货币政策环境时，资本密集型行业的公司可通过增加投资以力求增长。然而，在风险较大的行业，公司也必须权衡货币政策带来的便利和更高的投资风险。

　　整体来看，综合考察货币政策变动对高科技上市公司投资决策影响的行业差异，有助于为未来的政策设计和公司战略规划提供更全面、丰富的参考。本书中倡导一种综合的视角，中央银行应对不同行业有不同的政策利率，而公司也需要根据自身特点和市场环境作出最佳决策。此外，深入研究货币政策对行业投资决策的影响，对于进一步理解我国经济运行规律、提升货币政策实施效果具有重要作用。

第七章

货币政策变动对高科技上市公司投资决策影响的区域差异分析

第一节　区域划分与经济发展状况

一、区域经济发展概念与特性

区域经济发展是一个令人深入思考的概念。在具体剖析之前，有必要首先明确这一概念的具体含义。在经济学上，区域经济发展通常被定义为一个地理区域在一定时期内商品和服务生产的总量或总值的增长率。这种发展可能表现为各种形态，包括经济规模的扩张、经济结构的优化与升级、经济效率的提高以及社会福利的增强等。

区域经济发展的特性可以表现为多种多样。首先是区域差异性。由于地理环境、资源条件、文化背景、发展历程等方面的差异，各个区域在经济发展的速度、质量、层次、方式等方面都存在很大的差异。其次是因果相互作用性。区域经济的发展是社会、自然、经济等多种因素共同作用的结果，各种因素既相互影响、相互作用，又通过反馈机制互为因果。另外，区域经济发展的过程呈现出强烈的动态性，既有周期性变动，又有长期趋势。

对于高科技上市公司来说，区域经济发展的状态对其投资决策有着深远影响。区域经济的发展状况既影响着公司的发展潜力，也影响着公司的投资风险。因此，了解并深入分析区域经济发展的概念和特性，对于厘清货币政策变动对高科技上市公司投资决策影响的区域差异十分重要。

研究区域经济发展，必须要考虑到区域经济是一个动态且复杂的系统，既不能孤立地看待单一的经济活动，也不能忽视社会文化、政策环境等方面的影响。同时，根据区域经济的差异性，公司应该采取差异化的投资策略。在经济发展较好的地区，可以优先投资高科技产业和服务业等增长性较强、创新潜力较大的行业。在经济发展较慢的地区，可以优先投资基础设施、传统产业等稳定性较强、风险较低的行业。这样不仅可以利用区域差异性获取更高的投资收益，同时也能为区域经济的发展作出重要贡献。

在确定投资决策时，还需要充分考虑区域经济的发展趋势。正如前文所述，区域经济发展的过程表现出强烈的动态性，包括周期性变动和长期趋势。如果能准确把握这些变动和趋势，那么就能在投资决策中更好地预判和规避风险，提高投资收益。因此，区域经济发展的预测和趋势分析，对于指导和优化投资决策具有重要的参考价值。

总的来说，区域经济发展的概念与特性对于理解货币政策变动对高科技上市公司投资决策影响的区域差异有着至关重要的作用。作为一名投资决策者，应该以此为重要参考依据，深入研究分析，优化投资策略，以期在快速变化的经济环境中获取最大的投资收益。

二、区域划分的理论与实践

区域划分的理论与实践是经济地理学、区域经济学与地理信息系统（GIS）多学科交叉的一个重要课题。首先，必须弄清楚什么是区域划分，它是什么，到底有什么用，或者说，为什么要进行区域划分。区域划分指根据某一特定的依据或者几种不同的依据，将地理空间有序地划分为一定数量的相对独立且相互关联的地域单元。

按照经济理论，区域划分的主要目的是实现资源的最有效配置以及政策的精确实施。具体来说，不同区域由于地理环境、人口密度、经济发展水平、历史文化等因素的差异，其经济结构、市场需求、消费观念等也不尽相同，因而需要采取不同的经济政策以启动经济发展，解决存在的问题。而借助区域划分，可以清晰了解各个区域的特性，从而为政策制定提供有力的理论依据。

区域划分还有助于理解和解决地理现象的空间异质性问题。在很多情况下，经济社会现象的发生并不是空间上均匀的，而是呈现出很强的地域性。这既与自然环境的影响有关，也与人类活动的地域性规律有关。借助各种区划技术和方法，可以将复杂的地理空间信息转化为可以被计算机理解和处理的数据信息，极大地增强了人们对地理现象的认知能力和解决问题的能力。

值得注意的是，区域划分并不是一项简单的任务，其需要科学的理论指导和实践检验。在理论上，区域划分主要依据的原则有自然性原则、经济性原则、综合性原则、稳定性原则等。简单来说，自然性原则是指应尽可能地保持地理环境的自然状态，经济性原则是尽可能地发挥资源优势，综合性原则是进行综合比较和评价，稳定性原则是力求维护各地发展相对的平衡幅度……每一种原则都有其自身的侧重点和优势，但最终的选择要根据区域的具体情况和需要来确定。

在实践上，区域划分的过程一般包括以下几个步骤：第一，确定划分的目标和任务；第二，收集和整理相关区域的基础信息；第三，进行科学的地理信息系统分析；第四，进行预划分方案的评价和调整；第五，确定并实施最终的划分方案。同时，在实施过程中，要及时评估和调整，以满足变化的需要。

在货币政策变动对高科技上市公司投资决策影响的分析中，区域划分的理论与实践更是扮演着不可或缺的角色。有效的区域划分方案能够帮助政策制定者制定出更为精确、有效的经济政策，为高科技上市公司提供更为精准的政策导向，进一步影响其投资决策。同时，区域划分有助于深入分析区域差异，揭示区域经济发展的规律，明晰货币政策对区域差异影响的策略。总的来说，无论是从理论的角度还是从实践的角度，区域划分都是理解和分析货币政策变动对高科技上市公司投资决策影响的关键工具。

三、现行区域划分概述及其影响因素

现行区域划分是一个重要的经济研究维度，直接影响到各类经济决策，包括高科技上市公司的投资决策。中国内陆现行划分为东部、中部、西部和东北四大区域。其中，东部地区涵盖了经济最发达和活跃的沿海城市和省份，包括广东、山东、江苏、浙江等地区，这些地方经济开发程度高，市场经济发达，企业数量众多，创新活力强。中部地区包括湖北、湖南、河南、江西、安徽等省份，这些省份虽然近年来经济发展迅速，但相较于东部地区来说，经济实力和创新能力仍有不小差距。西部地区则包括四川、贵州、云南、新疆、西藏等省份，这些地方的经济条件相对较差，市场发达程度低，但却是中国西部大开发的重要方向。东北地区包括辽宁、吉林、黑龙江等省份，他们曾是中国的老工业基地，但在市场转型中面临较大的困难。

现行区域划分的影响因素主要包括地理位置、自然资源、社会环境、政策环境等方面。地理位置优越的地区，例如沿海或者河流丰富的地方，能够更好地对接国际市场，吸引更多的资本和人才，这些都是对经济发展有深远影响的重要因素。自然资源也是决定经济发展的重要因子，例如矿产资源丰富的地方可能会发展出强大的重工业，但也会面临资源枯竭带来的危机；水资源丰富的地方则可能发展出强大的农业经济；而风能、太阳能等新型资源丰富的地方，则有利于发展可持续的绿色经济。除此之外，社会环境，包括教育、人口、健康等各方面，都会对经济发展和区域划分产生影响。政策环境，主要是政府的经济发展政策和产业政策，也将左右一个地区的经济格局，进而影响区域划分。

以上对现行区域划分的概述和影响因素分析，对高科技上市公司的投资决策有着重要的影响。其一，关于地理位置的考量，高科技上市公司在投资时，需要充分考虑到目标地区的地理优势是否符合公司的发展战略和技术特性。其二，就自然资源而言，对高科技上市公司带来的影响主要体现在能源、材料等方面，因此，对目标地区的自然资源状况，公司需要有深入了解和分析。其三，社会环境对于高科技公司的影响也十分显著，尤其是教育资源，可以为公司提供必要的人才储备。其四，就政策环境来说，不同地区的政策优惠，无疑是高科技上市公司投资决策的重要参考。因此，深入理解区域划分及其影响因素，对于公司的投资决策极其重要，这不仅可以帮助公司更准确地定位投资方向，也有利于公司更好地把握未来的发展机遇。

四、区域经济发展状况测度指标

区域经济发展状况测度指标，是一种评价区域经济发展状况的重要工具。选择科学合理的测度指标，对分析货币政策变动对高科技上市公司投资决策影响的区域差异具有重要的意义。

常见的区域经济发展状况测度指标有许多，诸如生产总值、人均生产总值、就业率、工业增加值、低收入人口比例、直接外资净流入、区域竞争力等。这些指标从不同维度描述了区域经济的发展状况，可以根据研究的具体要求选择最合适的指标。

生产总值和人均生产总值是评价区域经济发展水平的常用指标。生产总值能够反映区域经济的规模，人均生产总值则能反映区域经济的平均发展水平。而就业率则是反映区域劳动力市场状况和经济活动繁荣程度的重要指标。

工业增加值主要反映了一地区的工业发展水平，这也是反映该地区经济复杂性和提供工作岗位数量的重要指标。低收入人口比例不仅与区域的经济状况有关，也与其社会福利政策有关，它的高低对公司的投资决策也会产生影响。

直接外资净流入是反映一个区域吸引外部投资，尤其是对高科技产业投资能力的一个重要指标。区域竞争力是综合性的测度指标，包括了经济、科技、环境、人才等多个方面。

对这些指标的具体选取以及权重设置，需要根据研究问题的具体性质以及实证研究的特定要求来进行。对于货币政策变动对高科技上市公司投资决策影响的区域差异研究而言，在选取测度指标时，可能需要更加关注那些与高科技产业发展更直接相关的因素，如区域科技投入、知识产权保护等。同时，也要考虑到区域内的政策环境、金融环境、人力资源等多因素的影响。

在实践中，还可以用数据压缩的方式，通过主成分分析、因子分析等方法，将这些多元复杂的指标转化为一两个能够全面反映区域经济发展状况的综合性指标。

总体来看，测度区域经济发展状况的指标有很多，选择何种指标需要根据研究的实际问题和数据的实际情况来定。精确有效的测量方法有助于更好地理解和解释货币政策变动如何影响高科技上市公司的投资决策，以及这种影响是否存在区域间的差异性。

五、我国不同区域的经济发展状况比较

在探讨我国不同区域的经济发展状况时，必然要考虑到我国广袤的国土和千差万别的地方特色。从东部沿海地区的高度工业化，到西部广阔的农业区，再到中部崛起的中心城市，每个区域的经济发展态势都有其特有的故事和挑战。

东部地区，比如上海、广东等地，充满活力，享受着全球化和经济开放带来的红利。这些地方拥有先进的制造业基础、高水平的科技创新能力和强大的金融服务业，是我国经济发展的龙头。然而，快速的经济发展同时也带来了一些问题，如环境压力、土地供应紧张、社会福利分配不均等，也需要通过更高效和可持续的方式进行转型和升级。

中部地区，如湖北、河南等省份，其经济发展处在稳步提升阶段，获益于国家的东西部平衡发展策略，这些地方正逐步构建起完善的产业链，吸引了大量的外来投资。此外，中部地区也重视改善基础设施，优化劳动力结构，加强科技创新，以期通过全方位的更新和转型，寻找到符合自身发展特点的产业路径。

再看西部地区，如新疆、西藏、青海等地，这些地方的经济发展相对滞后，人均收入较低，基础设施较为落后，但也拥有丰富的矿产、土地和旅游资源。近年来，政策层面的倾斜和一系列扶持措施，都在逐步推动西部地区的发展和振兴，努力让当地民众尽快受益于经济发展。

当然，还有一些区域，如东北和华南地区，其经济面貌也各异，但都在国家的协同发展战略中参与、贡献和受益，共同构成了我国经济的多元化和动态化。

综上，我国不同区域的经济发展状况呈现出复杂多样的格局。尽管每个地方都面临着不同的经济挑战和机遇，但通过合理的发展路径、政策支持和产业优

化，经济发展的区域差异可以逐步弥补，以实现全面和协调发展的目标。

然而，在货币政策变动对高科技上市公司投资决策的影响中，这些区域经济发展的不同状况也意味着其反应可能带有显著的区域性特征。因地制宜，灵活调整，对于高科技上市公司而言，理解并应对这些区域经济发展差异带来的多元挑战和机遇，无疑成为其作出正确投资决策的关键因素之一。与此同时，实施有针对性、贴近区域实际的货币政策，也将更加有效地推动我国各地区经济发展和高科技企业的健康成长。

六、高科技上市公司分布与地区经济发展的关系

货币政策变动是一种宏观经济调控手段，其变动对高科技上市公司投资决策有一定的影响。然而，高科技上市公司的分布并非均匀，而是与地区的经济发展有密切关系。其中，区域经济发展的差异所产生的影响是需要重点关注的内容。

高科技上市公司，作为一种现代企业形式，其企业分布区域、经济效益都是与地区经济发展有着直接关系。一方面，高科技上市公司的分布与地区经济发展的关系往往正比于地区经济发展水平。换言之，经济发展更好的地区，往往会吸引更多的高科技上市公司，不但数量多，而且公司规模也会相对较大。这主要是因为经济发展水平较高的地区，无论是从基础设施建设、科技人才的熏陶、市场消费能力，还是从政策支持等方面，都为高科技上市公司的成立和发展提供了良好的环境。

反之，经济发展水平较低的地区，由于基础设施、人才、市场等方面的局限，往往未能吸引到高科技上市公司的投资，导致这些地区的经济发展速度进一步落后。更进一步说，这种差异会形成恶性循环，使部分地区的经济发展陷入困境。从这个角度来看，高科技上市公司的分布与地区经济发展之间，形成一种因果相互关系。

另一方面，高科技上市公司的投资决策，也会受到区域经济发展状况的影响。对公司而言，选择在何处投资，不仅需要考虑地区的经济发展水平，也需要考察当地的市场消费能力、人才资源、基础设施、政策等。在这个过程中，货币

政策的变动就成为重要的决定因素。

货币政策作为一种宏观调控手段，其变动会对区域的资本流动产生影响。如央行采取紧缩货币政策，会提高企业的融资成本，阻碍资本的流动，尤其是对于那些资本密集型的高科技上市公司，这种影响会更为明显。相反，如果央行采取宽松货币政策，这会降低利率，使得企业的融资成本下降，资本流动得更为顺畅，为企业的投资决策提供利好。

然而，货币政策变动对高科技上市公司的影响，并不仅仅局限于公司自身，还会对公司所处的经济环境产生影响。货币政策的松紧，会对区域的经济发展产生影响，从而进一步影响到高科技上市公司的分布。

总结起来，高科技上市公司的分布与地区经济发展的关系，可以从两个方面进行理解。一方面，经济发展水平越高的地区，吸引高科技上市公司的能力越强。这是因为该地区的硬件条件、人才资源、市场消费能力等方面都相对较好，为公司的投资决策提供了优质的环境。另一方面，货币政策的变动也会对高科技上市公司的投资决策产生影响，而这种影响会因区域经济发展水平的差异而存在差异。而这种差异，往往会对经济发展水平较低的地区产生更大影响，进而成为阻碍这类地区经济发展的一大难题。

七、区域经济发展状况对高科技上市公司投资决策的影响

在此部分中，将探讨区域经济发展状况对高科技上市公司投资决策的影响。区域经济的发展状况是决定公司投资决策的重要因素之一。地区的经济发展状况，包括经济增长速度、市场规模、产业结构、人力资源、基础设施等都会对公司的投资决策产生影响。

经济快速增长的区域对高科技上市公司具有强烈吸引力。经济增长快意味着市场需求的增加，以及消费者支付能力的提升，对于高科技产品来说，市场需求的增强将直接促进公司产品的销售，从而影响公司的投资决策。

市场规模也是影响公司投资决策的一项重要因素。大市场规模可以为公司提供更大的发展空间和更多的市场需求。在大市场中，企业可能会获得更多的机

会和可能性，而在小市场中，由于市场需求有限，企业的发展可能会受到一定的限制。

再者，产业结构的优劣对投资决策同样有重大影响。优秀的产业结构是高科技公司发展的肥沃土壤。产业链完善的区域，各类供应链企业丰富，为高科技公司提供了良好的合作机会和便利的生产环境。

此外，区域的人力资源配置情况也关系到高科技上市公司的投资决策。高科技公司的发展依赖于大量技术人才，人才资源丰富的地区对公司的吸引力往往更大。对于高科技上市公司来说，人才已经成为他们进行投资决策时的首要考虑因素之一。

基础设施的完善程度也是高科技上市公司投资决策时的考虑因素之一。先进的基础设施对于高科技公司的生产经营尤其重要，特别是在新兴科技领域，如云计算、人工智能、大数据等，基础设施的建设直接关系到企业运营的效率和成本。

在现代经济环境下，投资决策并非纯粹的财务决策，而更多的是战略决策，高科技上市公司在作出投资决策时，除了需要考虑各种经济指标外，更要对区域经济发展状况，包括经济发展速度、市场规模、产业结构、人力资源、基础设施等进行全面的评估。公司无论选择哪一个投资区域，只有当该区域的经济发展状况与公司的战略目标匹配时，才能最大程度地提高投资的回报率。

有鉴于此，区域经济发展状况对高科技上市公司投资决策的影响不容忽视，区别于传统行业，高科技行业的企业需要在以上多方面因素中权衡和把控，以作出最佳的投资决策。这也展示了高科技上市公司对于市场敏锐的把握能力和卓越的战略决策力。满足市场需求，采取有利策略，才能尽可能地降低企业经营风险，从而达成公司发展目标，实现最大化的商业价值。

八、地区划分的未来趋势及对经济发展的影响预判

对于地区划分的未来趋势，以及其对经济发展预判的影响，首先要明确的就是区域划分的重要性。实际上，区域划分在经济发展中起到了至关重要的作用，其有助于更好地理解和把握经济行业的发展状况和规律，同时也是调整经济

结构、优化资源配置、实现经济社会可持续发展不可或缺的重要工具。

区域划分的未来趋势表现在哪些方面呢？有几个关键的影响因素需要注意。

首先是全球化的步伐加快。全球化带来的是资源、人才、信息、技术等全方位的交流与融合，这使得在划分地区时，不能仅仅局限于物理空间的划分，还需要考虑运动中的人口、资本、信息、技术等方面的动态变化。这种变化使得区域划分必须具有更高的开放性和灵活性。

其次是新的科技革命与产业变革。科技革命和产业变革正全面改变着人类的生产生活方式，对于传统的区域功能划分、产业分布等也带来了深刻冲击。对于未来的区域划分必须要有长远的目光，要从科技发展、产业创新、实体经济与虚拟经济的融合发展等角度来思考和规划。

同时，地域性矛盾和问题也逐渐显现。在全球化、区域化、城市化等大背景下，地域性问题如收入差距扩大、环境污染、资源紧张、人口老龄化等越来越凸显。这就要求在区域划分时，必须兼顾到经济发展与社会平等、环境保护等方面的考量。

对于地区划分的未来趋势对经济发展的影响预判，可以归纳如下几点。

预计随着新的科技革命和产业变革的深入发展，未来地区划分将更加强调创新驱动。同时，地区间的竞争更加多元化，除了经济发展水平，生态环境质量、文化软实力等多重因素将被纳入竞争的维度。

在全球化的背景下，地区之间的运动性会更强，表现在资本流动、技术流动、人口流动、信息流动等方面。未来，地区划分的流动性和灵活性将被更加重视。与此同时，虽然全球化进程将拉近各地区的关系，但是区域发展的差异化仍然明显，因此区域矛盾和问题的解决任重道远。

地区划分的未来趋势是将进一步深耕细化，区别在生产要素、产业结构、资本集聚、共建"一带一路"、生态环保和绿色发展等多个层面。因此，对于高科技上市公司来说，在投资决策中，除了考虑企业自身利润、盈利能力，还需要兼顾社会责任，对环境保护等方面有所贡献。

总之，对于未来，地区划分的方式、模式、理念都将发生深刻的变革，需要开阔视野，思考新的问题，解决新的挑战。这不仅是一种趋势，也是一个机遇，只有把握住这个机遇，才能更好地推动经济社会的发展，实现更高质量的发展。

第二节　货币政策变动对不同区域高科技上市公司投资决策的影响

一、货币政策变动对不同区域高科技上市公司投资决策的影响

（一）货币政策变动对东部区域高科技上市公司投资决策的影响

货币政策的变动对任何一个经济区域都会产生众多的影响，这当然也包括对于高科技上市公司投资决策的影响。特别在东部地区，由于这一区域经济的高度发达、市场环境的成熟以及技术创新的活跃度，货币政策变动的影响将具有显著的特殊性。接下来会针对东部地区高科技上市公司在货币政策变动下的投资决策问题，展开全面并深入的分析。

首先，必须明白货币政策的含义和对实体经济的影响。货币政策是指一国的中央银行或者货币当局为了达成宏观经济目标，通过调控货币供应量、货币价格、利率等手段来影响经济运行的政策。这对实体经济，更确切地说，对各个行业的公司，影响主要体现在金融成本和投资环境两个方面。一方面，货币政策的调整会改变资金的供需状况，从而影响企业的融资成本，进而影响到投资决策；另一方面，货币政策的调整也会通过影响经济预期来改变投资环境，从而影响投资决策。

其次，货币政策的变动对高科技上市公司的投资决策影响主要体现在以下几个方面。一是货币政策的调整会影响到企业的融资成本。当货币政策从紧时，表现为市场利率上升、货币供应减少，企业的融资成本会增加，使得公司的投资

项目的收益率可能低于融资成本，因此，公司可能会减少或者推迟投资；反之，当货币政策宽松时，市场利率下降、货币供应增加，企业的融资成本会降低，有利于增加投资。二是货币政策的调整通过影响经济预期来改变投资环境。例如，当货币政策从紧时，市场可能会预期未来经济形势会变差，这也会导致公司减少或者推迟投资。

东部地区高科技上市公司的特点是资金需求大、投资周期长、对金融环境敏感。这就使得货币政策变动对其产生的影响有其特殊性。东部地区的高科技上市公司在面对紧缩型的货币政策时，可能会受到更大的压力，因为它们需要大量的资金支持其研发活动，而货币政策的紧缩会增加融资成本，降低投资回报，从而导致投资活动的缩减。反之，在货币政策宽松时，这些高科技上市公司会受益于更低的融资成本，更有利于其扩大投资，推动技术创新。

总的来说，东部地区的高科技上市公司对货币政策的变动可能更加敏感，由于其特殊的行业属性和公司特点，货币政策变动可能会对其投资决策产生较大的影响。在进行投资决策时，需要充分了解和熟悉货币政策变动的信息，以更好地应对和利用货币政策的变动。

（二）货币政策变动对中部区域高科技上市公司投资决策的影响

货币政策变动对中部区域高科技上市公司投资决策的影响是一个非常复杂的主题，需要深入剖析货币政策与公司投资决策之间的关联性并结合特定区域的定位，从而进行全面的评估。

货币政策是政府调控贷款、存款、汇率等货币供应与需求的手段，以影响经济活动。中部地区的高科技上市公司，其投资决策受到货币政策影响显著，主要表现在以下几个方面。

首先，利率的影响。当央行调高利率时，借款成本上升，公司需要更多的资金来支付债务，这降低了投资的预期回报，从而会使得公司减少投资。相反，当央行降低利率时，借款成本下降，提高了投资的预期回报，公司可能会增加投资。

其次，货币政策通过影响经济环境对企业投资产生重要影响。货币紧缩政策可能会导致整体经济下滑，消费者需求减少，从而降低高科技公司的产品销售和收益，影响其投资意愿和决策。而货币宽松政策，可以增加经济活动，刺激消费，提高企业的业绩，进而推动企业投资。

其他的影响包括对汇率和信贷的影响。舒缓货币政策抑制了本国货币的价值，导致出口成本降低，有利于高科技上市公司出口，促进其投资。另外，借贷环境也会影响企业投资决策，当信贷政策宽松时，金融机构愿意增加贷款，企业可　　　　以借得更多资金，投资更多项目。

对于位于中部地区的高科技上市公司来说，由于该区域的经济发展水平、产业结构、市场规模等因素与沿海地区相比存在差异，因此货币政策的边际效应可能会不同。中部地区的企业在资源配置、人才储备、技术成熟度等方面可能相对落后，因此可通过货币政策的调控，来改善金融环境，降低企业融资成本，激发企业的投资活动。

综上，货币政策的变动对中部区域高科技上市公司的投资决策有着重要影响。因此，这些企业在分析投资环境时，必须考虑到货币政策的影响，并结合自身具体情况，作出最有利的投资决策。同时，政策制定者也应当注意货币政策在不同区域的效应，并善用货币政策来推动经济健康发展。

（三）货币政策变动对西部区域高科技上市公司投资决策的影响

随着中国货币政策的调整，对高科技行业上市公司的投资决策影响日益显著。特别是对西部地区高科技上市公司，其影响更为深远。本部分专门针对货币政策变动对西部区域高科技上市公司投资决策的影响进行深入剖析，期望为实际投资决策提供理论依据。

西部地区由于地域广阔，资源丰富，改革开放后形成了一批有竞争力的高科技上市公司。然而，西部高科技上市公司在发展过程中，面临的融资环境与其他地区在一定程度上存在差异。货币政策作为影响公司投资决策的重要因素，对于西部高科技上市公司尤为重要。

在货币政策变动环节，通常会影响市场的利率水平。若是实行宽松的货币政策，将有可能导致市场利率下降，使得企业融资成本降低。在利率降低的情况下，投资项目的现金流入大于现金流出的可能性增大，这会导致更多的投资项目的净现值为正，提高了投资决策的积极性。反之，如果实行紧缩性的货币政策，将可能导致市场利率上升，企业融资成本增加，那么投资选择就可能偏向于低风险低收益的项目，从而降低投资的积极性。

实际上，货币政策变动对西部高科技上市公司的影响是多元化的。首要的，货币政策可以改善或者恶化公司的融资环境。不仅如此，货币政策变动对西部地区的宏观经济环境也产生了重大影响，因为西部地区在一定程度上更依赖政府的财政和货币政策。此外，货币政策的微观效应也不能忽视，它可以通过影响企业成本和收益，改变企业投资决策。

当然，必须注意到，货币政策不是影响西部高科技上市公司投资决策的唯一因素，还需要考虑公司独特的内部因素和外部因素。例如，公司的经济效益、财务状况、公司治理结构、市场竞争状况、国家和地方的产业政策等，都是影响投资决策的重要因素。这些因素在一定程度上也会影响或者制约货币政策对公司投资决策的影响。

换句话说，货币政策变动对西部高科技上市公司投资决策的影响是复杂且丰富的，需要从宏观经济、微观经济和公司自身特性这三个层面来进行综合考量。因此，西部高科技上市公司在作出投资决策时，不能只依赖于货币政策的变化，而应该结合宏观经济环境、市场情况以及公司自身的实际情况，从多方面进行全面的参考和考虑。

二、各区域响应货币政策变动的差异对比

货币政策在现代经济体系中起着重要的调控作用，它的变动总会对经济产生深远的影响，特别是对上市公司投资决策这一具有决定性意义的环节。然而，这一影响并不均匀，因地区而异，具有明显的区域差异性。这就涉及本部分的主题：各区域响应货币政策变动的差异对比。

需要明确的是，货币政策变动对高科技上市公司投资决策的影响，并不是孤立的，它是在特定的区域环境中发生和发展的。为了准确地对比各区域响应货币政策变动的差异，需要先划定"区域"的范围。这里的"区域"不仅指的是物

理空间的差异，还包括了政策环境、经济发展水平、产业结构、人力资源等因素的差异。

具体到货币政策变动的响应程度和方式，由于区域条件的影响，各个区域表现出来的差异性非常明显。这些差异主要体现在以下几个方面：

第一，对货币政策的依赖程度上。发达地区由于其经济活动的多元性和复杂性、庞大的经济体量，尤其是富裕的金融资源，对货币政策的适应性和抗风险能力都更强。相对而言，经济发展相对滞后的地区，由于资金紧张、投资环境的不确定性等因素，对货币政策的依赖程度更高，对货币政策变动的反应也更为敏感。

第二，对货币政策的解读和执行效率上。发达地区的政府和企业更有经验和能力去解读和应对货币政策的变动，能更快地把政策变动转化为具体的业务决策。而相对来说，发展中地区的政府和企业在货币政策执行上可能存在一定程度的滞后。

第三，不同的区域对同一货币政策的解读和理解可能存在着差异。对于高科技上市公司，尤其是处于高投入、高风险、高回报发展阶段的高科技公司来说，一旦货币政策发生变动，公司的融资成本、经营环境等方面将受到重大的影响，进而影响公司的投资决策。而不同区域，由于经济开放程度、产业结构、发展阶段等因素的不同，对这种影响的理解和应对策略也会有差异。

总之，本部分中对比了各个区域高科技上市公司在货币政策变动下，投资决策的区域差异性。这为更好地理解和分析货币政策变动如何影响高科技上市公司的投资决策提供了新视角和深入思考。发达地区和发展中地区在货币政策变动下，其决策响应的速度、适应性及其结果存在显著差异，这表明在研究和分析货币政策的影响时，必须将其放于具体的区域经济结构和环境中，才能得出更为科学准确的结论。

三、货币政策变动对不同区域高科技上市公司投资决策的影响对比分析

货币政策变动对不同区域高科技上市公司投资决策的影响，其对比分析的重心在于强调空间异质性，试图构建一个表现地域差异化影响的蓝图。在这样的背景下，可以更好地了解货币政策变动如何通过地域特性，影响高科技上市公司

的投资决策。

在深入研究之前，必须明确货币政策的主要作用。货币政策的变动会改变市场上的货币供应量，进而影响市场的利率水平，最终对高科技上市公司的投资决策产生影响。对于高科技企业来说，如果预期的回报大于预期的成本，即利率，即会进行投资决策。因此，货币政策变动对投资决策的影响，本质上是通过影响利率来实现的。

然而，必须注意的是，机构地域性是一个非常重要的影响因素。不同地域的经济发展水平、市场环境、市场规模以及政策偏好等各有特点，这些特性会影响企业的投资决策。例如，一些经济发展落后的地区，尽管货币政策可能会减少投资的成本，但是因为市场环境的不利，高科技企业可能仍会采取保守的投资策略。相反，在经济发达、市场规模大、市场环境优良的地区，货币政策的宽松有可能会激发企业的投资意愿，即使面临一定的成本。

此外，地域性还体现在各地对技术的吸收和采用上。地方政府对科技创新的支持力度以及当地市场对新技术的接受程度也会影响高科技企业的投资决策。货币政策变动，在技术接受度高、政策支持力度大的区域可能会促进企业进行更多的投资，然而在技术接受度低、政策支持力度较小的区域，其影响可能有所减弱，甚至产生反效果。

再者，不同地域的高科技企业在业务结构、资本结构以及经营策略等诸多方面都可能存在显著差异，这些差异又会影响企业对货币政策变动的反应程度。某些企业可能会选择积极应对，增加投资，而某些企业可能会更加审慎，选择稳固现有的经营活动。

综上所述，货币政策变动对不同区域高科技上市公司投资决策的影响存在显著的区域差异。在实际的经济活动中，对这些差异进行有效的识别和理解，将有助于政策制定者以及企业管理者更好地应对货币政策的变动，优化投资决策。

四、货币政策变动影响投资决策的区域性案例分析

在货币政策变动对高科技上市公司投资决策影响的研究中，区域性案例分析具有重要的指向性和示范性。在实际的经济生活中，国家的货币政策往往会根据不同的地理位置、产业环境、经济发展情况等形成不尽相同的效应。通过深入

剖析这些区域性的案例，能更全面地理解和评估货币政策变动对高科技上市公司投资决策的影响，并有效指导其在实际操作中的投资决策。

在这里，以深圳和上海这两个经济发展水平相当但具有不同产业特色的城市为例，具体探究货币政策变动对该两地高科技上市公司投资决策所造成的影响及其区别。

深圳作为中国的科技创新之都，拥有一大批高科技上市公司。这些公司在面临货币政策变动时，会受到其科技领先优势的影响，在投资决策上与其他地区的公司表现出不同的响应方式。在货币政策紧缩时，为保证创新活动的持续进行，深圳的高科技上市公司更可能选择维持或增加投资。在货币政策宽松时，这些公司则会选择加大研发投入，从而获取更大的市场份额。

相较于深圳，上海的经济特点更多地体现在金融及其相关服务上。上海的高科技上市公司在面临货币政策变动时，其对于货币市场的敏感度会高于深圳。在货币政策紧缩时，这些公司可能会减少非必要的投资，将更多的资金投入流动性管理和风险防控中。而在货币政策宽松时，它们则会积极寻求经济增长点，扩大投资规模。

货币政策对于不同地区的高科技上市公司投资决策的影响具有明显的区域性特征，这一特征不仅仅取决于货币政策本身，更与特定地区的经济状况、产业结构、企业的经营策略等有着密切关系。因此，这样的区域性案例分析对于理解货币政策变动对高科技上市公司投资决策的影响具有重要的价值和意义。

第三节　区域差异的原因、启示与协调发展策略

一、区域发展差异的形成机制

区域发展差异的形成机制，涉及许多复杂的要素，来自各方面的因素交织在一起，形成了复杂而多元的区域发展模式。这其中，经济基础设施、人力资源

和政策等因素都起着重要的作用。

在以发展经济为主的地区，基础设施建设的完善程度往往直接和间接影响着区域发展的步伐。一个地区的基础设施建设，不仅包括硬件设施，如道路、桥梁、水电设施等，还包括软件设施，如教育、卫生、社保等公共服务设施。基础设施建设的差异，会导致投资环境、生产成本、效率等关键因素的差异，从而影响区域间的发展格局。

另外，人力资源是一个地区发展的重要条件，特别是教育程度、技能水平、经验积累等，都会影响一个地区的发展速度。人力资源丰富的地区，一方面，可以吸引企业投资，因为企业需要大量的劳动力来进行生产活动；另一方面，人力资源丰富也意味着消费能力强，可以推动地区内部的消费需求，促进经济增长。

然而，政策因素也是影响区域发展的一个重要方面。不同的政策环境，对企业的吸引力和企业的运营都会产生重要影响。比如，税收优惠政策、地区发展策略等，都会对企业的发展产生直接或间接影响，从而影响区域的发展格局。

通过以上讨论可以看出，区域发展差异的形成，是各种因素共同作用的结果。为了缩小区域发展差异，需要从基础设施、人力资源和政策等多个角度入手，配合实施相应的政策，以激发区域发展的潜力。

从货币政策角度来说，适当的政策调整可以缓解这种区域差异。譬如，对于基础设施较落后的区域，可以通过降低其贷款利率，降低企业的财务成本，吸引企业投资。对于人力资源丰富的区域，可以通过加大对教育、科研的投入，提高当地居民的学历和技能，进一步吸引更多的企业前来设置研发中心或者生产基地。

最后，为了协调不同地区的发展，需要从更高、更全面的角度出发，提出个性化的、具有战略眼光的区域发展策略，这也是政府部门在制定货币政策的时候应该考虑的一个重要方面。从长远看，只有实现各个地区的协调发展，才能真正实现全国经济的健康和稳定发展。

二、区域内外部影响因素

货币政策变动对高科技上市公司的投资决策产生多元化影响，其中区域内外部影响因素起着至关重要的作用。要解决这一问题，就必须对区域内部与外部的复杂因素展开深入探讨，以期提供一个合理的、较为全面的协调发展策略。

区域内部影响因素的分析主要基于区域内环境如何影响货币政策对高科技上市公司投资决策的效应。内部因素主要包括区域的经济发展水平、产业结构、科技水平、人力资源储备等。目前，在一些经济发展水平较高、科技发展较为出色的区域，如北京、上海、深圳等地，高科技上市公司可能会更重视在人才引进、产品创新、技术研发和市场拓展等方面的投资，而在经济发展水平相对偏低的区域，这些公司可能更注重在新增产品、改进服务和提高效率等方面的投资。因此，不同区域内部环境对于这些公司的投资决策可能会产生截然不同的影响。

从区域外部影响因素的角度来看，额外审视货币政策、监管政策、市场结构、国际环境、产业政策等因素的影响就变得必要。区域以外的货币政策环境，比如国家层面的货币政策，会对高科技上市公司的投资决策产生间接影响；同样，不同的监管政策可能会对公司的投资空间以及回报期望产生不等的影响。货币政策会与国际环境发生交互，高科技公司的投资决策容易受到国际贸易环境、国际科技发展趋势和国际竞争状况的影响。另外，产业政策这一外部因素会影响特定行业的投资环境，公私合营和高新技术企业认证等政策是该类政策的例子。

综合区域内外部影响因素，由于前者寻找解决问题的方式更趋局部化，而后者更侧重于全局和长期的影响，所以，高科技上市公司在作出投资决策时，不仅要考量货币政策的变动，而且要对自身区域内外部影响因素作出深入理解和全面评估。这些影响因素不只代表挑战，同时也蕴含机遇。在区域内部，通过创新驱动和产业升级，公司能够积极应对货币政策变动带来的影响。而在区域外部，可以借助区域合作、政策引导等手段，努力提高公司的投资效益。

严格说来，区域内外部影响因素互动影响，构成对高科技上市公司投资决策的复杂影响网。因此，对上述各因素必须做到全面了解，明确对投资决策的具体影响方向，以便高科技公司利用货币政策有效作出实质性的投资选择。可见，区域内外部影响因素在货币政策对高科技上市公司投资决策影响中占据重要地位，应给予足够重视并积极推动研究。

三、货币政策对区域差异的作用

货币政策对区域差异的作用是一个十分重要的议题，因为货币政策变动不仅会影响国家整体经济发展，更会对不同区域的经济实力产生深远影响，实质上催生出一种区域差异。

一方面，来自政策变动的财富效应，是通过影响消费者预期而产生实际经济影响的。当央行宏观调控政策变动进入收紧周期时，将对高科技上市公司的存款和投资基础产生较大影响，这也就意味着那些经济条件较好、资产丰厚的地区会较为受益。反之，当货币政策进入宽松阶段时，这些地区会率先感受到实体经济的压力。

另一方面，区域间金融资源的差异是货币政策调整对区域经济影响的另一重要路径。金融是现代经济的核心，也是地区之间经济差距的主要决定因素之一。由于不同区域金融体系的成熟度和市场化程度、金融机构的发展状况以及金融产品的供给能力和变动性都存在较大的区别，因此区域间金融资源的差异将决定货币政策调整释放的信号在实体经济中的演绎程度和实际效果。

此外，区域间的贸易流动、投资决策、产业结构以及政策环境都将在一定程度上影响货币政策对区域经济发展的作用。如地区间的贸易结构差异可能导致不同地区在货币政策变化时感受到的冲击大小不同；投资决策和产业结构因素则可能影响各地区对货币政策调整的适应性和抗风险能力。

现实究竟带来了什么启示呢？在笔者看来，保证货币政策调控的公正性和公平性，对于区域间经济的协调发展至关重要。应该建立完善的区域经济政策以协调货币政策与实体经济之间的关系，预防区域金融风险，并促使区域经济在制度机制上走向公正和均衡。

同时，科技上市公司在高科技行业快速发展、市场竞争激烈的背景下，需要加强对货币政策的关注和研究，以便在不时变化的货币政策环境中灵活调整投资决策。这既能有效降低金融风险，又能够及时把握市场机遇，推动企业实现持续、健康的发展。

综上所述，货币政策在形成区域差异的过程中起着重要作用，而科技上市公司在面对国家货币政策的实施和变动时，需要对其可能带来的影响有深入的了解和研究，从而为自身的发展作出合理的投资决策。

四、各区域对货币政策反应的差异

货币政策是一个国家在宏观经济管理中的重要工具，其变动对高科技上市公司的投资决策有深远影响。从国家整体层面看，货币政策的影响似乎是一致的，所有的公司在进行投资决策时，都必须考虑货币政策的趋势与变化。然而，深入各地区会发现，各个区域对货币政策的反应可能会有明显的差异，这是由该地区的特定条件、环境和经济结构等因素决定的。

货币政策包括银行的信用政策、公开市场操作、存款准备金率等调控方式。货币政策的宗旨是保持货币及金融市场的稳定，从而达到经济稳定的最终目标。因此，不同区域对货币政策的感知程度，主要受该区域经济发展水平、金融市场的发展程度及其对货币政策的理解等因素的影响。

首先，经济发展水平。在经济发展较高的地区，高科技上市公司对货币政策变动通常更为敏感。这是因为这些地区的高科技上市公司通常具有强大的研发投入能力和市场竞争力，对于任何可能影响其利润和市场地位的因素高度关注，当然包括货币政策在内。因此，这些地区的公司在货币政策发生变动时，往往能迅速作出反应，灵活地调整其投资决策。

其次，金融市场的发展程度。金融市场强大的地区，意味着其金融工具丰富，金融服务包容性强，这也意味着在这些地区的高科技上市公司可能更容易通过各种金融工具来对冲或调整货币政策变动产生的影响。反之，金融市场欠发达的地区，高科技上市公司就要面临更大的挑战，它们可能需要消耗更多的资源，甚至承受更大的风险去应对货币政策的变动。

最后，对货币政策理解的深度。货币政策是一个复杂的系统工程，涉及多个层面的知识和策略。在理解和应用上，不同地区的高科技上市公司也存在差异。理解深度高的地区，高科技上市公司可以更加准确地预判货币政策的走势，从而作出更为理智和精确的投资决策；理解深度低的地区，则可能因为对货币政策的误解和理解不足，从而产生错误的投资决策。

这些因素导致我国不同地区对货币政策的反应存在差异，而这正是制定区域差异的协调发展策略时所必须深入考虑的问题。应从加强对区域经济发展水平、金融市场发展程度及对货币政策理解深度的研究入手，有针对性地提出解决方案。比如对经济发展较弱的地区，国家可以适度放宽其金融市场准入条件，鼓励金融创新和人才引进，提升其对货币政策的反应能力；对金融市场发展程度较低的地区，可以推进金融基础设施建设，通过技术手段改善金融服务的质和量，降低金融服务的门槛和成本，提高金融的普及和包容性；在对货币政策理解不深的地区，既可以加大宏观经济和财经知识的普及力度，也可以为企业提供专业的政策解读和咨询服务。

通过提出的以上协调发展策略，尽可能地减小区域间对货币政策反应的差异，使各地区的高科技上市公司在面对货币政策变动时，都能充分发挥其自身的优势，作出正确的投资决策，以达到整体经济发展的最好效果。

五、区域差异对高科技上市公司投资决策的影响

区域差异对高科技上市公司投资决策的影响是在全球化的经济环境下日益凸显的一种现象。尽管全球每个地区经济的发展有其共性，但在具体的实践中，由于历史、地理、文化、政策等因素的影响，每个区域的经济发展都存在一定的特异性。对于全球视野下的高科技上市公司来说，对于这些区域差异的认知和理解，与其投资决策的作出紧密相关。

首先，地理因素上的差异已经被大量经验数据所证实。主要的差异表现在经济发展水平上，发达地区和发展中地区的货币政策，以及货币政策对公司投资决策的影响模式是截然不同的。发达地区的市场经济体系相对成熟，政府的货币政策一般以保持经济稳定为主，对高科技公司来说既可能是机遇也可能是挑战，需要公司根据具体政策内容，灵活调整投资策略。而在发展中地区，政府的货币政策以推动经济增长为主，这往往给高科技公司提供了更大的投资空间，但同时也伴随着更大的风险。

其次，政策环境差异也是影响高科技上市公司投资决策的重要因素之一。政策环境的稳定与否、政策的导向性如何，都会直接影响到投资决策的风险和回报。例如，一些国家和地区为了吸引高新技术企业，制定了一系列优惠政策，这

无疑是企业投资的利好。但这同样需要企业深入研究和解读政策内容，以避免政策风险。

再次，市场需求差异也是影响高科技上市公司投资决策的重要因素。不同的地域市场有质的碾压性差异，其中包括消费层次、消费能力、消费习惯等多个方面。对需求差异的深入认知，能使公司更为精准地拿捏投资时机和投资方向。

最后，物流、人力资源等实际问题也会影响公司的投资决策。物流基础设施的完备程度会影响货物的运输成本，人力资源的质量和可得性会影响公司的运营成本。同时，各地不同的社会风气、文化环境也会对公司的经营产生影响。

因此，高科技上市公司在面对各地差异化的货币政策时，不能简单地以一种模式应对。而应将包括货币政策在内的多种区域差异因素，纳入投资决策的考虑，真正做到从全局出发，科学决策。

如何提升公司对区域差异的认知和应对能力，是一个需要研究和思考的问题。从研究的角度看，建立全球化视角的区域差异研究框架，深入分析各地货币政策及其背后的经济社会因素，对公司进行有针对性的指导，对于提升公司的投资决策能力至关重要。而从实践的角度看，公司也可以通过加大对各地市场的研究力度，提前做好市场预测，以便在货币政策变动的时候能作出及时而准确的投资决策。同时，公司也可以尝试通过第三方咨询公司或者专门的决策顾问团队，获取更全面、更专业的决策建议，从而更好地处理区域差异带来的挑战。

六、启示

（一）区域差异对企业发展的启示

区域差异对企业发展的启示是深刻而具有启迪性的。在货币政策变动背景下，不同的地理位置，具有不同的市场环境、自然资源、人力资源以及政策环境等因素，这些因素共同导致了货币政策变动对高科技上市公司投资决策的影响存在区域性的差异。

正面启示在于，对于那些正在寻求投资高科技公司的投资者来说，了解并研究货币政策对不同地理区域产生的差异，有助于他们制定出更为精细的投资策略。不同地域的货币政策差异往往意味着投资热度和投资回报的差异。在有些地方，由于货币政策的变动，可能有利于高科技公司的融资环境，从而加大对这些地区的投资；在其他一些地方，货币政策可能致使投资环境恶化，投资者需要谨慎考虑是否减少投资。因此，分清区域差异，有助于投资者提前预估风险，制定出更为精细和可行的投资策略。

观察到区域差异的启示，高科技上市公司可以在经营决策上作出响应。比如，他们可以选择把更多的资源投入那些有利于企业融资和发展的区域。同时，他们也可在复杂的货币政策环境下，选择利用良好的内部控制系统，加强风险管理，确保企业稳稳的发展。

此外，政策制定者也应从区域差异中获取启示。他们应兼顾长短期的政策目标，同时也要考虑其政策的地区性影响。在制定区域经济发展策略时，要充分考虑到货币政策变动对各区域高科技上市公司投资决策的影响，并通过优化地区间的政策环境，推动区域之间的协调发展。

如此，分析货币政策变动对高科技上市公司投资决策影响的区域差异，不仅能让公司管理者明白货币政策调整的影响并非一以贯之，同样也能从中学习到如何制定更具智慧的投资决策、运营决策与公共政策，这将使其更全面、更深入地理解货币政策影响的多维度和复杂性。这就是区域差异对企业发展的启示。

（二）区域差异对货币政策制定者的启示

货币政策变动对高科技上市公司的投资决策影响显而易见。然而，对此的理解和操作，不能只停留在显而易见的层面上，更需要洞察其中的深层规律，探寻潜在的启示。这样，既有助于理解货币政策变动对高科技上市公司投资决策的影响，又为货币政策的制定者提供了重要的参考价值。

究其原因，货币政策的变动会对高科技上市公司的投资决策产生直接和间接的影响。直接影响主要体现在资本成本的变化，间接影响主要体现在经济环境的变化。比如货币政策的紧缩会提高公司的融资成本，影响投资决策。同时，货币政策的变动也会影响经济环境，进而影响公司的营业收入和利润预期，也会影响投资决策。这两方面的影响，都需要货币政策的制定者给予充分的关注。

此外，区域差异也是影响高科技上市公司投资决策的重要因素。同样的货币政策变动，在不同的区域可能会产生不同的影响。这是因为不同区域的经济发展水平、产业结构、市场环境等因素的差异，使得货币政策的传导效应在区域间存在差异。这种区域差异对于货币政策的制定者来说，既是一种挑战，也是一种机遇。

对于政策制定者来说，应当根据各个地区的实际情况和需求进行差异化的政策制定，而不是一刀切。例如，在科技产业发达、高科技上市公司较多的地区，货币政策应更倾向于支持创新和发展，而在其他地区，则需要更加关注货币政策对经济稳定的影响。

同时，政策制定者还需要加强区域间的协调，以避免区域间的"竞争性降息"，这既不利于区域间的协调发展，也不利于全国经济的稳定发展。为此，货币政策的制定者应该与各个地方政府、高科技上市公司等协商，制定出既能够满足各区域发展需求，又有利于全国经济稳定的货币政策。

但在这个过程中，应注重平衡各个区域的发展需求，不能仅仅注重部分地区的发展，而忽视了其他地区。针对这种情况，货币政策的制定者需要具有全局观，不仅要考虑到各个区域的实际需求，还需要注重全国经济的稳定和持续发展。

综上所述，货币政策制定者在制定货币政策时，不仅要关注货币政策变动对高科技上市公司投资决策的影响，还需要考虑到区域差异的影响，以及如何协调各个区域间的发展。只有这样，才能制定出既有利于高科技上市公司投资决策，又有利于全国经济稳定的货币政策。

七、协调策略

（一）全球视野下的地区发展动向

在全球化的今天，是否具有全球视野，清晰掌握并应对地区发展动向，对高科技上市公司的投资决策具有重要的影响。货币政策变动也会对这些公司在不同地区的投资决策策略产生影响。因此，协调策略需要赋予全球视野，细化到不同地区的具体情况进行量身定制。

　　首先来界定全球视野的含义。全球视野，顾名思义，是对全球的深入了解和广阔视野的结合。当公司制定投资决策时，需要从全球层面上对各种影响因素进行深入阐述，包括市场情况、政策环境、技术革新、产业转型等多个层面。这就要求企业具备全球化的视角和思维方式，从宏观经济的角度进行深度分析和长远规划。

　　由此，我们进一步讨论地区发展动向。地区发展动向是对某一特定地区经济发展前景的预判，它内涵丰富，既包括该地区的宏观经济发展趋势，又包括产业结构调整、科技创新能力、人才资源、环境因素等多元因素。因此，对地区发展动向的准确把握，可以帮助企业更好地制定投资策略。

　　显然，地区发展动向与全球视野密切相关。在全球化的大背景下，任何一个地区的发展都不能孤立地看待，必须将其置于全球的大环境中去分析。对于企业而言，既要有全球视野，又要关注地区发展动向，二者结合起来，才能够使投资决策更为科学和精准。

　　那么，对于高科技上市公司来说，如何把握货币政策变动的影响，又如何应对区域差异，成为一个重要的问题。首先，需要明白，货币政策变动直接影响资金成本，进而影响企业的投资决策。在具体应对上，企业需要根据货币政策变动的趋势，及时调整投资决策，以适应市场环境的变化。

　　至于区域差异的问题，企业需要深入了解各个地区的经济发展实际情况，包括产业发展水平、技术创新能力、市场需求、资源优势等方面的具体情况，结合全球视野，制定出适应当地实际情况的投资策略。同时，也要考虑到货币政策的影响，使企业的投资决策能够顺应市场变化，达到最大化的效益。

　　在这个过程中，企业的投资策略应当是灵活的，而不是僵化的。这就要求企业在全球化背景下，既要有超前的战略视野，又要有快速响应和适应市场变化的能力。这个过程将是一个持续优化并寻求突破的过程，也将是一次对企业决策能力和协调能力的极大考验。

　　当然，也不能忽视政府在推动区域协调发展中的重要作用。政府不仅可以通过货币政策调控经济，还可以通过产业政策、创新政策等方式引导企业作出更为科学和合理的投资决策。

全球视野下的地区发展动向是一个宏大的主题，它涉及货币政策变动、地区差异、投资决策等多个方面的内容。在应对这一问题时，高科技上市公司需要有广阔的全球视野，对地区发展动向有深刻的理解，以及对货币政策变动有准确的判断，从而使得投资决策更为科学和精准。

（二）构建区域协调发展的新机制

在探讨货币政策变动对高科技上市公司投资决策的影响时，不能忽视一个重要的因素，那就是区域差异。区域差异会影响高科技上市公司对货币政策变动的反应和调整策略。因此，构建区域协调发展的新机制至关重要。

区域差异是中国经济发展的一个鲜明特征。东部地区由于较早参与全球化进程，具有较好的经济基础和较高的发展水平，而中西部地区在经济发展、科技创新等方面相对滞后。这种区域差异对高科技上市公司的投资决策有着重要影响。

构建区域协调发展的新机制，需要从以下几个方面入手：

一是优化区域资源配置。全面深化市场化改革，发挥市场在资源配置中的决定性作用，通过完善产权制度和要素价格机制等手段，调动各地区自主调整结构、开发利用区位优势的积极性。

二是强化区域间科技合作。推动东西部地区在科技创新上的协同配合，使得受货币政策影响较大的中西部地区获得科技创新能力的提升，缩小与东部地区在高科技领域的差距。

三是注重环境友好的区域优势发挥。全面实施绿色发展理念，将环境保护和经济发展紧密结合，充分发挥不同地区的自然环境和区域资源优势，推动经济社会协调发展。

四是提高地方政府的服务能力和公共服务水平。改善投资环境，大力提高公共服务效率，引导各类投资者合理布局，提升地方竞争力。

五是强化金融支持。完善金融制度，优化金融资源配置，增强金融服务实体经济能力，降低高科技上市公司的融资成本，引导金融资源向高科技产业流动。

新的区域协调发展机制将有效缩小地区间的发展差距，在构建开放型经济新体制的过程中，有助于形成全面深化的、互动密切的新型工业体系。同时，也将为高科技上市公司提供更为公平、公正的市场环境，促进其在更大范围、更高层次上参与全球经济竞争。

货币政策是宏观调控的重要手段，它的变动无疑会对高科技上市公司的投资决策产生影响。处在不同地区，具有不同资源条件和市场环境的高科技上市公司对货币政策的应对策略也将各不相同。因此，需要构建区域协调发展的新机制，以适应货币政策变动带来的新挑战，促进高科技上市公司的健康发展。

参考文献

[1] 叶涛 . 货币政策对商业信用的影响 [J]. 合作经济与科技，2023（21）：45-47.

[2] 罗潇 . 美国货币政策对中国上市企业杠杆率的溢出效应研究 [D]. 济南：山东财经大学，2023.

[3] 张天顶，方志远 . 美国货币政策转向对中国资本市场的溢出效应 [J]. 金融经济学研究，2022，37（4）：3-16.

[4] 张礼卿，孟祥源，李杰，等 . 资本管制对货币政策独立性的动态影响研究 ——兼论 "中间政策" 组合的效果 [J]. 南开经济研究，2022（9）：21-41.

[5] 金融，赵祺 . 货币政策、产权性质与盈余管理 [J]. 池州学院学报，2022，36（3）：57-62，149.

[6] 叶丽宸 . 金融科技对货币政策信贷渠道的影响 [D]. 杭州：浙江大学，2022.

[7] 于玉环 . 货币政策工具对高科技类上市公司投资水平的影响研究 [D]. 哈尔滨：哈尔滨工业大学，2015.

[8] 赵君丽，吴建环 . 离散性货币政策对高科技上市公司投资的影响 [J]. 统计与决策，2004（9）：60-61.

[9] 吴建环 . 论货币政策对高科技上市公司投资的影响 [D]. 武汉：华中科技大学，2004.